醜陋的中國人漫畫版

柏楊◎原著
Momo◎漫畫
徐榮昌◎策畫

醜陋的中國人漫畫版

原　　著／柏　楊
漫　　畫／Momo
策　　畫／徐榮昌
圖片提供／張香華、Momo
責任編輯／游奇惠
發 行 人／王榮文
出版發行／遠流出版事業股份有限公司
台北市100南昌路2段81號6樓
電話／2392-6899　　傳真／2392-6658
郵撥／0189456-1
法律顧問／王秀哲律師・董安丹律師
著作權顧問／蕭雄淋律師
2009年 4 月29日 初版一刷
行政院新聞局局版台業字第1295號
售價新台幣250元（缺頁或破損的書，請寄回更換）

ISBN 978-957-32-6465-1
YLib 遠流博識網
http://www.ylib.com　　e-mail: ylib@ylib.com

我們的醜陋，來自於我們不知道我們醜陋。

——柏楊

柏楊與Momo

柏楊與Momo、張香華、徐榮昌

柏楊與徐榮昌

【代序】

柏楊最盼望看到的一本書

張香華

《醜陋的中國人》漫畫書著筆於二〇〇七年秋天，完成於第二年──二〇〇八年我的丈夫柏楊去世後的兩個月。這樣，這個漫畫書就成了他的遺願。

漫畫書動筆時，柏楊已病得不輕，每次看到年紀小他半個世紀多的漫畫人Momo，都會暫時忘記病痛，臉上頓時綻開笑容。策畫人徐榮昌更是一面賣力地在一旁扮演老萊子娛親的演出，一面帶領著Momo進出柏楊的書房，加緊學習，深入了解柏楊在二十年前完成《醜陋的中國人》文字版的場景。

徐榮昌是柏楊和我的「小朋友」，說一句「看著他長大」，不算倚老賣老。他出現在我們家的時候，Momo還是一個才誕生的人芽子。這本漫畫書串聯起不同世代、不同表達方式，幾個古靈精怪，卻精力旺盛的創作者──恰好是老到九十歲倒數計時，不改憤世嫉俗的原著者柏楊；中年，卻因才華多元，每一項都有無限發展空間的徐榮昌；小到除了自己的天地之外，凡事都會眯著眼、皺起眉頭思量半天的Momo（讀者朋友等一下可不要被Momo在漫畫書中，給自己那一個兩眼水靈靈大眼睛的造型忽弄了）。

徐榮昌口沫橫飛地向Momo講解《醜陋的中國人》的時代背景、社會現象，還旁徵博引當今許多世界新聞。他冷不防瞄我一眼說：「你哪有我對柏楊著作的了解！」我只好回頂他一句：「那你嫁給他好了！」

特別感謝跨海相助的北京《新世紀周刊》記者楊東曉提供「尊嚴人物」的撰寫素材，使這本漫畫描摹眾生醜陋的面貌，也出現「尊嚴人物」的典範。

從「醜陋」到「尊嚴」，柏楊走了漫長的十八年，才終於悟出了中國人要怎麼樣擺脫醜陋（柏楊一九八四年首次批評中國人醜陋，二〇〇二年倡導做尊嚴的中國人）。現在Momo用一枝畫筆輕描幾頁，就給我們指出了一條明路。圖像語言不只是年輕人輕鬆搞笑的「最愛」，它也一樣可以負載深刻的內容。

遠流出版公司慧眼起用新人Momo，也超炫的來個老少配，在柏楊逝世週年出版這本創意的《醜陋的中國人》漫畫書，彌補了柏楊不及親見漫畫書出版的遺憾，我們卻好像親自看見他滿臉笑容地不停點頭。

鑼聲響起，現在讓漫畫中的人物出場囉！

【前言】

《醜陋的中國人》之醍醐灌頂醬缸雷鳴

Momo

柏老一直想寫《醜陋的中國人》這本書，但當時的社會風氣渾然像個悶壞的醬缸，容不下這本書的存在。而美日兩國，先後出現《醜陋的美國人》及《醜陋的日本人》兩書，但兩個作者的下場，卻因東西文化的差異，而有天壤之別……，對此柏老既憤慨又感慨！然而雖然在當時難以用書本的形式問世，柏老仍積極地想要用演講的方式，期許我們深省檢討，中國文化五千年來，沉於醬缸底下的種種醜陋行為！

終於，在一九八四年九月二十四日，柏老受美國愛荷華大學之邀請，以「醜陋的中國人」為題，表達了他內心深沉的醒悟……。對於這突如其來的一線曙光，他心中感到非常地雀躍，同時也非常、非常地感謝！

因此在本書中，除了引述柏老的文章，並將柏老的思想轉化為圖案，同時也深入探討柏老文字中的歷史場景，那段已經漸漸泛黃，年輕人所不知道的，醜陋的歷史故事；以及，現代社會中持續進行的醜陋惡習……都將在我的畫筆下一一呈現。當然，這個世界也有美好的品德，正在角落默默地耕耘，破除千年醬缸，出淤泥而不染，代表中國人尊嚴的故事，也將在我的漫畫中娓娓道來。

如果你準備好，要經歷一段醜陋的洗禮，那麼我們就一起翻開第一頁，學習課本不會教的事。

【人物登場】

本書的四位主角：柏楊、Momo、豬、一六六

關於柏楊——

《醜陋的中國人》作者柏楊，是小說家、詩人，也是歷史學家，著有《柏楊版資治通鑑》、《中國人史綱》……等書。

在我寫這篇人物介紹時，柏老已經在天堂到處捉弄人了。參加告別式時，我以為我不會哭，但看著佇立在教堂前，柏老頑童般的照片時，我的眼睛一陣濕潤，淚水懸在眼眶裡掙扎不已，儀式還沒開始，我就像傻瓜一樣紅鼻子、紅眼睛……直到儀式結束，與張老師（柏楊夫人）相擁時，淚水再也止不住，不停滾落……

二〇〇七年八月，在徐榮昌先生的引薦下，第一次和柏老見面。別笑我無知，當時我連柏楊是誰都不知道，緊急上網查才知道柏楊是「人權鬥士」，是個舉世無雙的大英雄、大人物，著作無數，是個了不起的狠角色！因此，只敢坐在柏老家的客廳裡，戰戰兢兢地等著被宰！

想不到，從走廊緩緩出現的，是一個坐在輪椅上，身形單薄的老人家，當時我百感交集，歎歲月不饒人，將一代文豪，變得如此斑白……正當我天馬行空之際，柏老已經緊握我的雙手，我莫名感動，不禁紅了雙眼，拚命阻止鼻水流下。

柏老那雙手，對我來說是成千上萬的鼓勵和提攜，這感動，難以忘懷。但還來不及報答，他就離我而去了……

我唯一能做的，就是努力完成這部作品。

柏老一生，十年小說、十年雜文、十年牢獄，五年專欄、十年通鑑、十年人權，一路走來風雨不斷，卻始終堅持。在那嚴苛的年代，他頑皮的個性並沒有被摧殘殆盡，直到離開人世，他仍忍不住捉弄我們一番，記得海葬那天……

我們要將柏老的骨灰灑進台灣屏東和綠島之間的海域，這是我第一次搭船，上船之前，大家都千叮嚀萬囑咐暈船之可怕，所以我吃了暈船藥，也貼了防暈耳片。船一駛離港口，坦白說，這時我的心情興奮大於感傷，忍不住瞪大眼睛張大嘴巴，享受如雲霄飛車般的浪濤和一望無際的海景，心想，什麼暈船嘛，爽快得要命！

終於到達屏東與綠島中間的海域，船停了下來，準備灑骨灰。我收起興奮的眼神，但放眼望去，並不是一臉哀淒的肅穆景象，而是滿臉慘綠，長輩們暈的暈、吐的吐，剩下幾個精力旺盛的年輕人，比我還興奮地跑上跑下拚命照相，我心裡嘀咕著：「還好我沒暈船……」，才這麼想，風雲變色，一陣鼓動從我胃部翻起驚濤駭浪，不多時，我的早餐如萬馬奔騰般，衝向大海，原來，航行中的船不可怕，真正可怕的是停下來，漂泊在海浪中的船……

這時，大家都聚集在船首灑骨灰，我獨自一人留在船尾，緊握扶手，瞪著遠方，心裡默念一隻綿羊、兩隻綿羊……嘴卻不爭氣地吐個不停，一步都不敢動，也沒法動，只能默默地看著……

船首一堆人頭，在八級風浪下起起伏伏，灑下骨灰……

回程，當我用呆滯的眼神無語問蒼天時，從後方噴來一陣穢物，我已無力反抗，反正已經這麼狼狽了，所以也不覺得髒，反而覺得終於有「革命同志」了。但不知道他是怎麼吐的，吐得滿頭都是。我自己都自身難保了，一時「革命情感」作祟，不由自主地伸手幫他清理髮梢上的穢物。而他隔壁則站了一個西裝筆挺的牧師，他光鮮亮麗的模樣，彷彿跟我們身處在不同世界似的，但又怎會站在嘔吐區呢？莫非也想感受大浪的激昂嗎？但是當他轉身望向大海時，我才恍然大悟，原來他被我的「革命同志」吐得整個背都是。難怪「革命同志」一臉歉疚，牧師一臉無奈，只有我滿臉笑意，還看見幾隻飛魚穿越白浪縱身飛過……

參與這段旅程的人，都覺得這是柏老送我們的禮物，一段驚異之旅。即使大夥吐得要命，卻一點都不抱怨，甚至每個人都開懷大笑，不見悲傷之情。寫到這，我也不自覺地笑了起來。

真的很感謝柏老，在最後的最後，用微笑陪伴我，讓我體驗第一次見大人物，第一次參加告別式，第一次參加海葬，第一次搭船……

還有，第一次為他畫漫畫……

關於Momo——

寫別人容易，寫自己真的很難，一直以來我習慣躲在後面觀察別人，這次卻要寫自己，真的很頭痛。

與《醜陋的中國人》結緣，完全是因為徐榮昌先生的提攜。二〇〇七年的三、四月間，豬為了犒賞我拔智齒的勇氣，帶我到「生鐵餐廳」吃牛排，因為是上網隨便找的一家餐廳，不但位置偏僻，招牌還小到沒存在感，所以我們都不抱期待，但結果卻出乎意料驚為天人！從來沒吃過如此純樸又瀟灑的牛排料理！雖然智齒的傷口還沒好，但那撲鼻的香味教人癡迷，唇齒留香的程度讓我好一段時間都難以忘懷。

更讓人印象深刻的，是離開時，老闆那熱情燦爛的笑容。因為這個笑容，讓我下定決心要畫下「生鐵餐廳」的饗宴，而原來，徐榮昌先生就是「生鐵餐

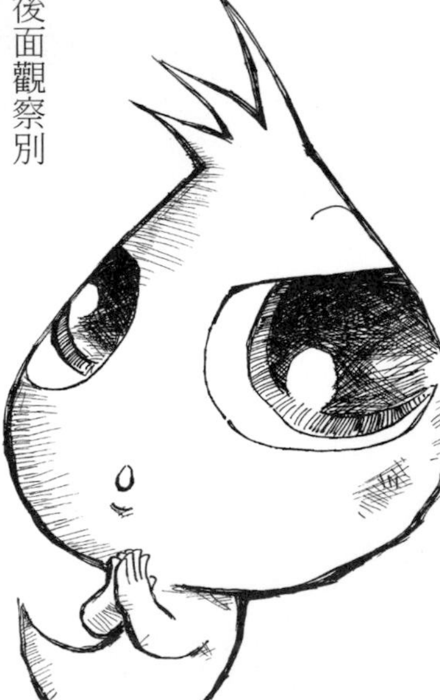

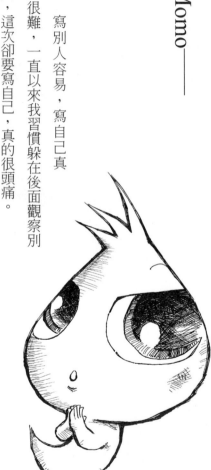

廳」的大掌門！

就因為這篇「生鐵餐廳」的圖畫食記讓我跟徐先生結緣，並開啟了柏老《醜陋的中國人》漫畫版的序章。

但這同時也是壓力與責任的開始。幸好徐榮昌先生是柏老的書迷兼好友，他從小就看遍柏老的著作（只差《柏楊版資治通鑑》沒辦法消化而已）……。

因此，在這本漫畫中，徐先生給我相當大的幫助，告訴我許多不為人知的故事，也告訴我許多柏老的思想和生活方式，柏老的一切都在徐先生閃耀的雙眼中，生龍活虎地呈現在我眼前，才讓我有辦法在時代的隔閡中，傳承柏老的文字和精神。

柏老的思想和文字是這本書的架構，我是一枝筆，徐先生是我的墨水，沒有徐先生，《醜陋的中國人》漫畫版就無法完成！

在這本書中，我自稱是柏老的小跟班。我用自己作為時下年輕人的代表，與柏老來一場忘年論戰，但其實我的個性很軟，還真不敢跟柏老論辯，因此我在故事中，用真實的情感哭與笑、生氣與感動、反省與檢討，希望你們也能靜下心，與我一起進入這場穿越時空與歷史的冒險。

關於豬——

豬在我的現實生活中，扮演著相當重要的角色！

他有豐富的知識，讓我空泛的腦袋變得富足；他有理性的邏輯思考，引導我做正確的判斷；他還有風趣幽默的好個性，帶給我無限歡笑；同時他也有顆溫柔的心，孝順父母，善待兄弟，還任勞任怨地在背後默默地支持我。

更重要的是，在那頂豬面具下，有張清秀俊俏的臉，但在那張中看不中用的臉龐下，卻擁有堅毅的耐力和負責任的強壯肩膀！這麼棒的人，大家都叫他豬，只有我叫他哈尼！（驕傲的咧！）

在這部漫畫之前，他早已成為我Blog的主要角色之一了。我將他現實生活

的個性，完整地搬到圖畫及文章中，成為一個知識豐富，擁有獨到見解和果斷判斷力，在我和一六六身旁扮演一個聰明睿智的重要角色。

關於一六六——

關於一六六這個人，他是一個個性好、脾氣好，有點散漫有點懦弱，很軟很沒用的人。但他從青少年時期就開始半工半讀，獲得許多社會經驗，同時也很有女人緣，做過很多瘋狂又風流的蠢事，不過我一直覺得他風流得很沒道理。雖然貶多過於褒，但，他是個好朋友。他的英文名字是Errors，但因為他不斷幹著摸不著頭緒的錯事，因此朋友笑他：「你的人生就像你的英文名字一樣，充滿Errors。」不愧是他的死黨，我真的覺得這句話完全就是一六六人生的寫照。

常有人問我「一六六」是什麼意思，是他的身高？還是銀行餘額？其實一六六是他在網路上的綽號，不過一六六的前身是「伊羅烈」，但大家都嫌他的

名字筆劃太多，拼音不易，所以取其諧音，從此他的名字就被簡化為數字一六六了……也有人問我，一六六為什麼要穿那套充滿變態感的服裝呢？因為他從小就很喜歡「假面騎士」，但小時候沒錢買，現在長大了，他要開始圓夢。於是三十歲的一六六，穿上假面騎士造型的服裝，追逐童年的夢想，這就是這身緊身衣和蒼蠅頭盔的由來！

現在，一六六將憑著這股蠢勁，馳騁在《醜陋的中國人》漫畫中！

目錄

【第一章】

萬曆、雍正、蔣介石之流星、蝴蝶、鴛鴦夢

曇花一現的威權歷史，不管是萬曆、雍正，或是蔣介石，就像流星、蝴蝶的鴛鴦夢……隨風而逝。

柏老一直都很想寫《醜陋的中國人》，但在那個年代，想出版這種極具「批判」與「批評」的文字，是非常困難的！年輕一代的你、我，都知道「有其困難」，但我們卻無法體會，這樣的言論在那時候多麼具有爆炸性！尤其現在的新聞自由已經演化到「捕風捉影」和「口無遮攔」的地步了，然而在柏老那個「敏感」又「嚴格」的年代，只要「講了幾句實話」就要坐牢，那寫了一本傳頌千里的「實話」，是多麼可怕又震撼呢？

當我們還在歌功頌德、自我催眠的謊言中打滾時，美國卻已經出版一本《

醜陋的美國人》，在美國造成轟動！這並不讓人意外，因為中國早在明朝就很腐敗，到了清朝好不容易才有幾代明君力爭上游，卻為時已晚，因為美國早在中國忙於內鬥時，就向前跨了一大步！這一大步使他們更有自信，更勇於檢討，也樂於接受新觀念，但在一片和樂融融的氣氛中，為什麼會有《醜陋的美國人》問世呢？到底在那個時代，美國人是如何醜陋呢？這就是本章的主題！

說主題，太過火，我只敢輕描淡寫，因為我可不想年紀輕輕就小命不保，時代雖然變得民主，但政治比醬缸還黑，敬而遠之、敬而遠之……。

中國人，
是一個迷失在濃厚醬缸裡的族群，
需要警醒。

——柏楊

Mr.ErrorS
多少年來，我一直想寫一本書，
叫「醜陋的中國人」。
說大話
諂媚
虛榮
好賭
無禮
無聊
小人
吵
亂
髒
抱大腿
窩裡鬥
狗屁
八卦

他剛才說醜陋的什麼？
他說，醜陋的……
中國人……
庭院深深深幾許，人面桃花相映紅，夢裡尋他千百度，竟是鏡中顧影人。
吼！
柏老啊！
你是不是老糊塗啦！
你這一罵，可不止罵到你自己而已……
還罵了十幾億的中國人啊！（不曉得台灣之子算不算中國人？）寫出來準讓你牢飯吃個夠！

幸好，我爹娘把我生得挺可愛的！
完美無缺！無可挑剔！
…
才沒被柏老罵到！
咳
咳
不過，爲了青春與正義，我一定要告訴你！我說柏老呀！
正所謂戴家有女初長成❤
※呵呵！
哼
就算你從長白山罵到大江南北，罵遍天下無敵手，那都是因爲我還沒從娘胎出生！
…
…
榮格說過，美是一種哲學，形式不能決定美醜！
※沒看懂的話不准翻頁！
給你三天的時間陷入……
不可避免的沉思裡(笑)
然後，內在的思想模式決定外在形式的表達，所以外在的表達是內在思想之延伸與表裡。
最後，在形而上的表達中，慣性符號的象徵性，不可避免地陷入思想制約之於美的形式。

怎麼樣？我說得很棒吧！該你被罵到臭頭了吧！
Momo！偶像！
哈——啊！講完了沒啊！
累得我眼油都流出來了……
你最好快說重點，萬一閃出個柏楊夫人，你還沒有說到「重點」，你就不用混啦！
況且你根本沒搞懂我說的「醜陋」嘛！
我才沒嫌他們長得醜，下面那些「丑角」代表可都是你畫的耶！
哼！
嗚…說得我一點信心都沒有了……
…
I ♥ Mr.ErrorS
呆
挖

Momo啊！
我說的醜陋
是更深層的，
我們無權批評外型的美醜，
品格上的醜陋，才是
我們基因改造的重點！
人權的普世價值
被認定之後，「醜陋」
這兩個字，就已經不是
「視覺」的關鍵詞了。
檳榔
3包100
13 5 21 35 31 18
20 17 15
11 7 32
5 33 40
25 14
6 22
賭魂！
禁菸……
哈！

嗶~
我記得美國有一本——《醜陋的美國人》
《西貢小姐》
Miss Saigon

出版之後，洛陽紙貴，
美國國務院拿來作爲駐外人員的品格教育行爲指導綱領！
《櫻花戀》
Sayounara......
Japanese Good bye
揮揮衣袖……
我不帶走一片雲彩……
異國戀是多數東方女人的夢想耶！
《西貢小姐》和《櫻花戀》都是浪漫的異國戀啊！看不出哪裡醜陋耶！
對呀！這都是駐外的美國大兵和東方女孩的淒美愛情故事呀！
哼！少不更事！婦人之仁的感動！
「淒美」是西方優越的主觀意識！

※I was born under the wonder star......

數量多到……
美國政府必須設立
「私生子安置所」，
專門收容這些
戰後私生子……
Green Card
綠
Rosa♥

※上面這些女性分別代表亞洲各國，而爬上手臂的那位，與一六六有密不可分的關係，看我的部落格就知道囉！(^_<)

這樣有什麼淒美可言？
哼！根本就是群混蛋負心漢！竟敢欺騙東方女性的感情！

嗯……但是，
換作是你們被派駐到落後國家，
？
你們有自信能對當時的感情負責到底，帶回這些外籍新娘嗎？
說啊！
回答我啊！
這……這……
我去泡茶給柏老喝……
乖！
醜陋的中國人漫画版上市!!
哎呀~!!!
別再拷問我啦！我又不是現行犯！
至少你可以當個嫌疑犯……

平心而論，
既然處處留情
又始亂終棄，
是全天下男人
都有可能做的事，
那我們這樣
批評美國人，
在觀點上，不就
有失公允了嗎？
…
事實上，
美國介入
這些戰爭，
是爲了
銷售武器！
甚至，是爲了進行
武器的活體實驗！

以捍衛自由爲名，發動戰爭，掩飾殺人的暴行！
是啊！根本就是障眼法！

接著再以和平之名居中協調，彷彿是——鴿子的化身！
其實是一隻掠食屍體的禿鷹！
Gulf
ESSO
BOEING
Mobil
這淒美的愛情故事背後，其實就是……
啪
美國人的醜陋行徑！

【第二章】

莫測的美德在醜陋中閃亮

經歷諸多激烈的戰爭，美國終於成為一個國際霸權國家！然而享受高度自由的人民，最基本的條件是「尊重」。

雖然霸權主義使他們在亞洲各國留下醜陋的足跡，但在自由的熏陶下，使美國人擁有一顆寬廣的心，讓他們謙卑地接受了《醜陋的美國人》。即使面對重大災難，他們也能放下憎恨，選擇用愛來寬恕與包容。

反觀中國人，不但愛記仇，打一架可成三代都報不完的仇恨，仁義道德全拋諸腦後，考試才拿出來用……

雖然美國有醜陋的一面，但也有可取之處，他們那寬廣的心，是我們所要學習的重要課題！

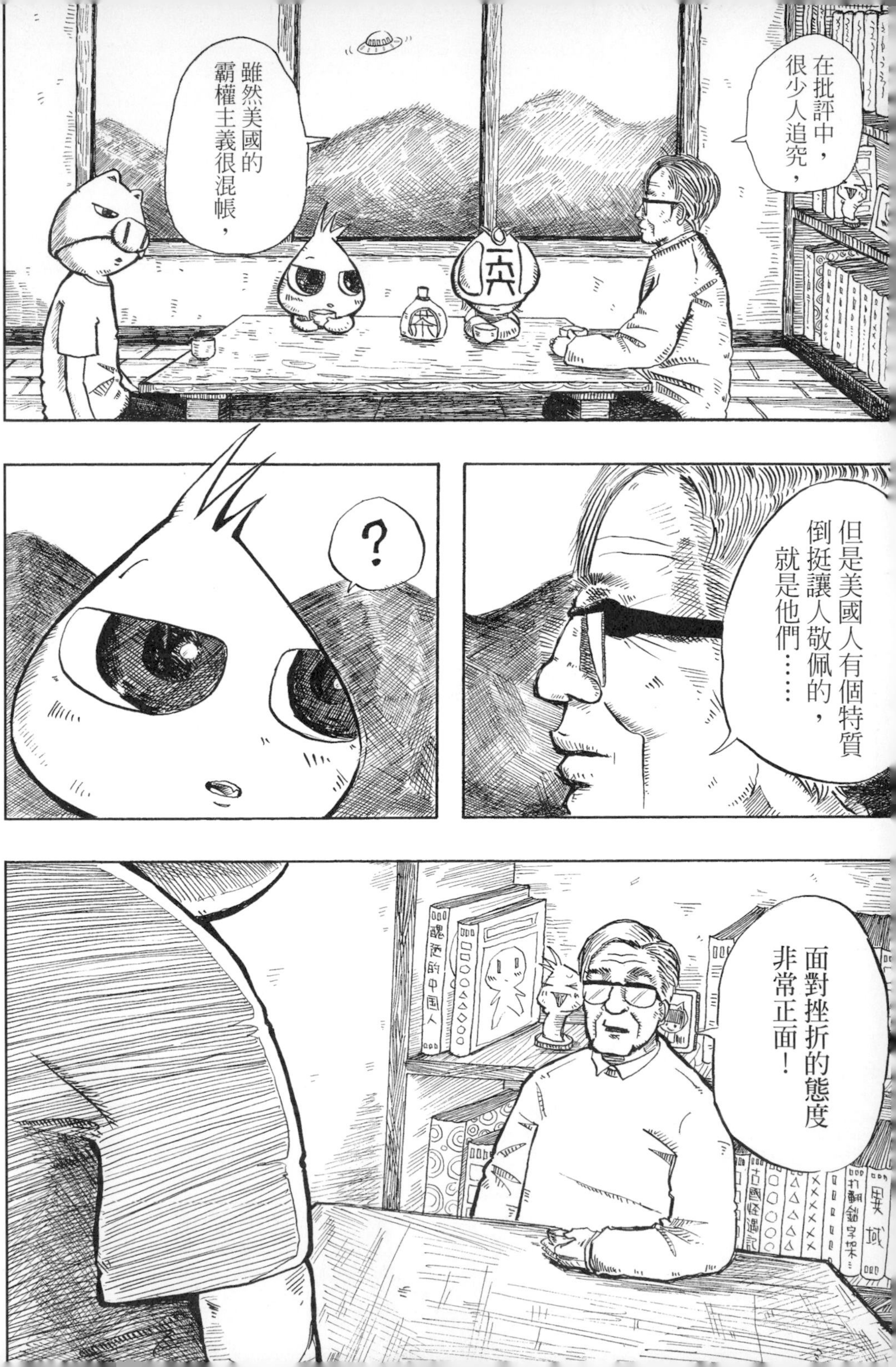

在批評中，很少人追究，
雖然美國的霸權主義很混帳，
但是美國人有個特質倒挺讓人敬佩的，就是他們……
？
面對挫折的態度非常正面！
醜陋的中國人
異域
打翻鉛字架
古國怪遇記

面對挫折……
的……
態度！
對了！
柏老，你這麼一說，我突然想起，一起美國史上最嚴重的校園槍擊案！
我記得是發生在二〇〇七年的四月份……

維吉尼亞理工大學，
有一位韓裔學生，
槍殺了三十二人之後自殺身亡……

這次的事件，包含兇手在內，
造成三十三人死亡……
和至少二十四人受傷……
除了窗外飛過的不明飛行物體，
現場一片沉默……

抖
唉，這個事件
眞是太可怕了！
從新聞看到他們
潰堤的淚水，
眞讓人難過……
查出兇手是
韓裔學生後，
我以爲美國會
強烈抨擊韓國……

結果，出乎預料的……
學校爲這些罹難者舉行的哀悼儀式上，
放飛了……三十三個氣球，
02
!?

敲響……
三十三響鐘聲，
噹！

藉此將心中的遺憾與祝福，
傳達給……
三十二名罹難者，

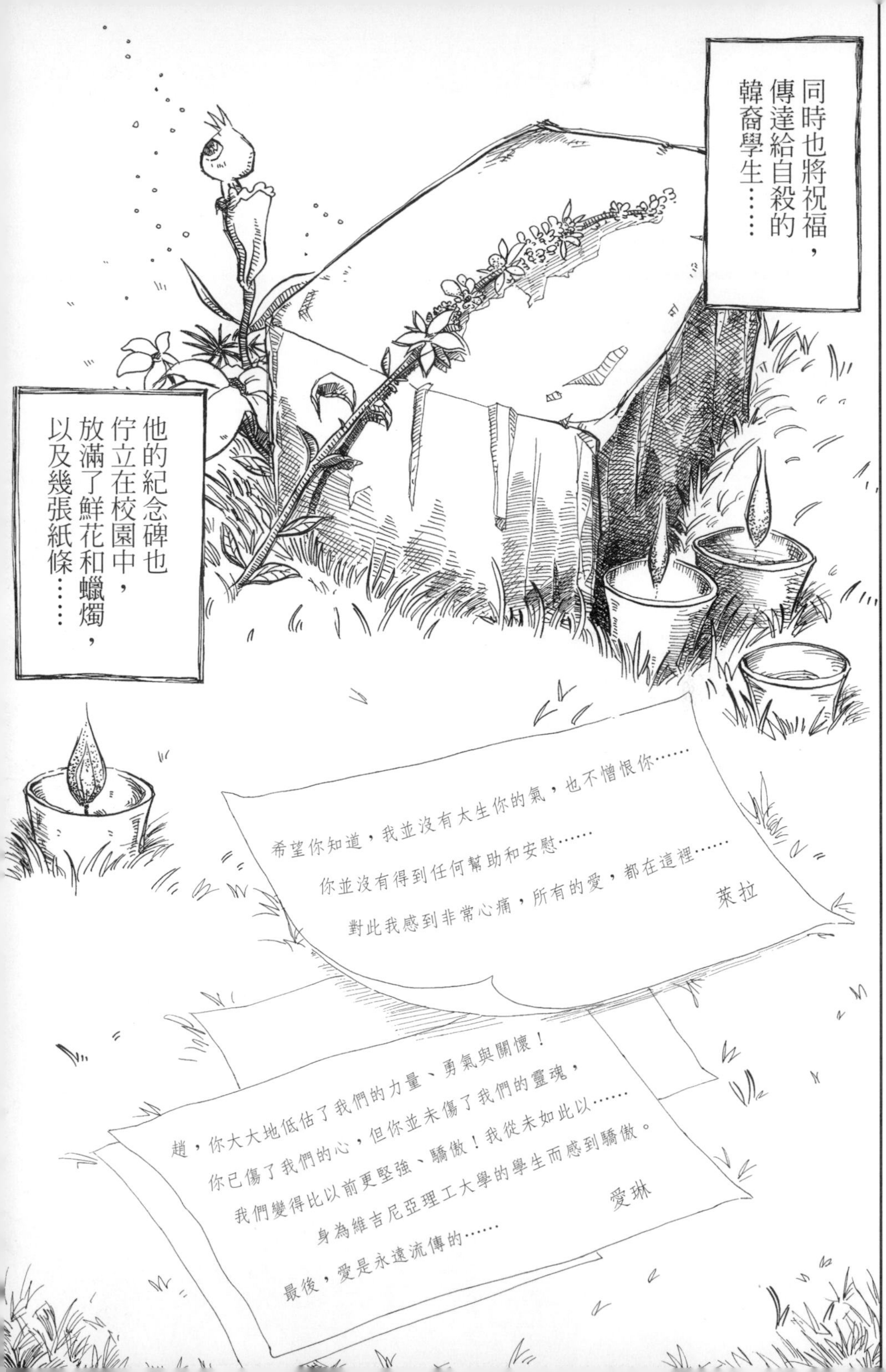
同時也將祝福，傳達給自殺的韓裔學生……
他的紀念碑也佇立在校園中，放滿了鮮花和蠟燭，以及幾張紙條……
希望你知道，我並沒有太生你的氣，也不憎恨你……
你並沒有得到任何幫助和安慰……
對此我感到非常心痛，所有的愛，都在這裡……
萊拉
趙，你大大地低估了我們的力量、勇氣與關懷！
你已傷了我們的心，但你並未傷了我們的靈魂，
我們變得比以前更堅強、驕傲！我從未如此以……
身為維吉尼亞理工大學的學生而感到驕傲。
最後，愛是永遠流傳的……
愛琳

學生們說……
「我們不恨你，
我們只遺憾，
來不及給你
足夠的愛……」

我從沒想過可以用這麼溫暖的言語和態度，
面對這樣的傷痛……
我連幾年前被男友劈腿的事，
到現在都還恨的牙癢癢的！
沒有人想聽你失敗的愛情故事！
請說重點！

學生們認爲，兇手也是受害者，
因爲他的心生病了……
長時間以來，他們疏忽了對他的關愛，
也沒有及時得到家庭和社會的照顧，
造成他精神上的不安定，才鑄成這場悲劇……

因為他們的寬恕，
所以在追悼儀式上，
學校也給予
韓裔學生
同等的尊重。
以彌補……
來不及給予的……
嘿!!
咻!!!
咔
愛與關懷……

眞是感人的故事……
嘿咻！
你到底在吵什麼啦！我在講這麼發人深省的故事，你在旁邊嘿咻個什麼勁啊！
哇～
拜託！
要不是我們在旁邊幫你打氣球，
哪來這麼多氣球給你放！

希望這些氣球，
可以將我們的祝福，
送到他們手上……
當氣球緩緩上升……
我相信我們的祝福，
也會飄揚在天際！

不過，除了學生們正面的態度讓人感動，
嗶！
美國媒體在這個事件中，也展現了高度自律的專業態度！
嗶！
他們訪問了所有相關人員，
卻沒有打擾韓裔學生的家人！

因爲，他們認爲，
兇手的家人也是被害者，
他們同樣也失去摯愛的親人，
因此媒體選擇沉默，給予尊重，
不再去打擊他們受創的心靈……
很可悲的，在我們的媒體文化中，
新聞價値遠大於……尊重！

當然，
喝⋯
我想也不是所有人，
都能用如此⋯⋯
正面的態度去寬恕⋯⋯
這時一六六點頭如搗蒜⋯⋯
嗯
嗯
沒錯！沒錯！我絕對做不到！打死我也做不到！
咚！

但是，「醜陋的美國人」
做到了！
他們做了我們做不到的事，
其實，寬恕，
才是對自己最仁慈的方式！

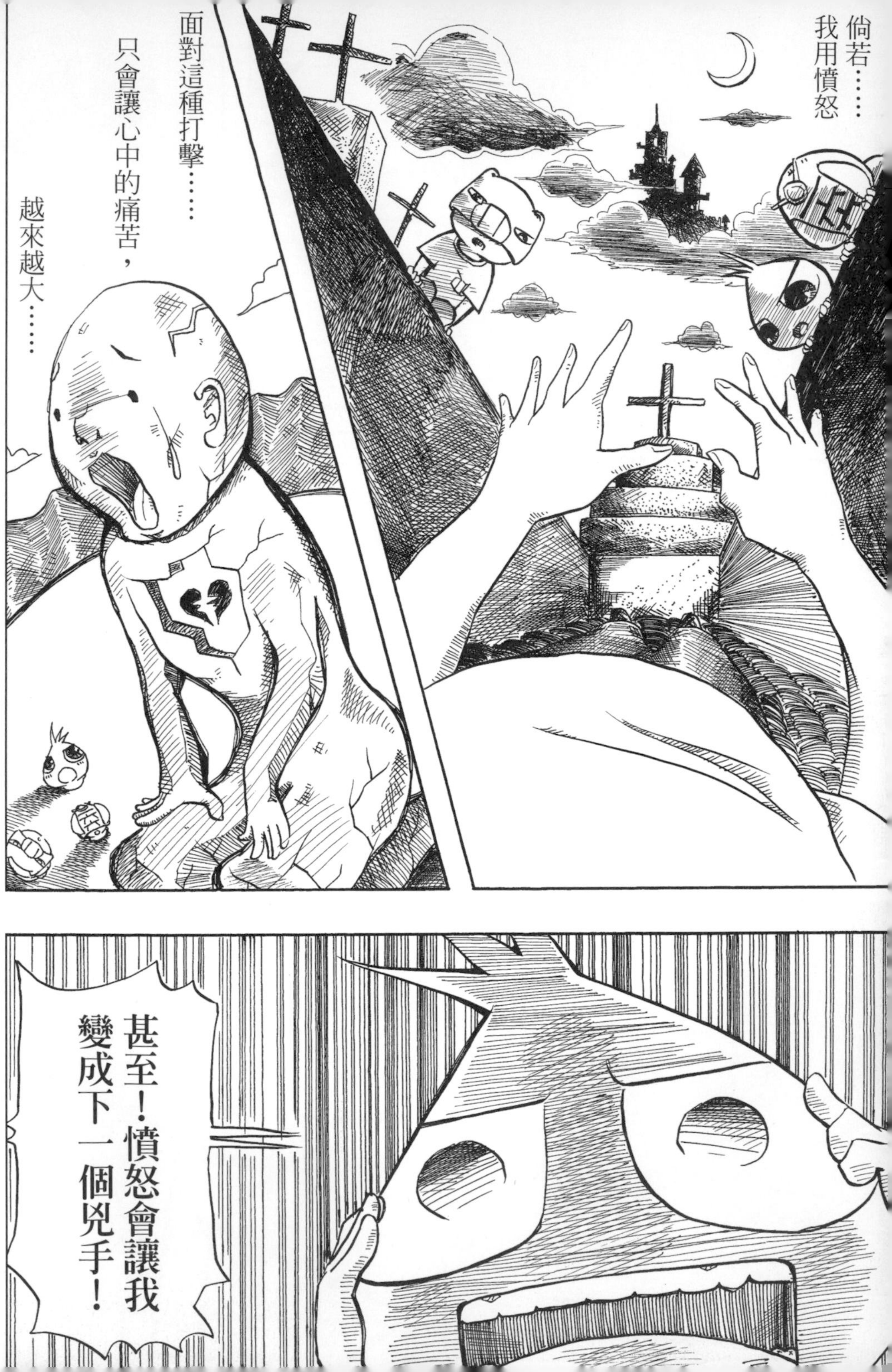
倘若……
我用憤怒
面對這種打擊……
只會讓心中的痛苦，
越來越大……
甚至！憤怒會讓我
變成下一個兇手！

你……最近……
壓力很大吼！
呃……
還……
挺得住啦～！
抖

當然！
犯罪一定要受到法律的制裁！
幹嘛對著我講，我又沒犯法~！
如果兇手還活著，當然也得面對——
法律的制裁！
但在他接受懲罰的同時，
我們也要學習美國人，
寬廣的胸襟！

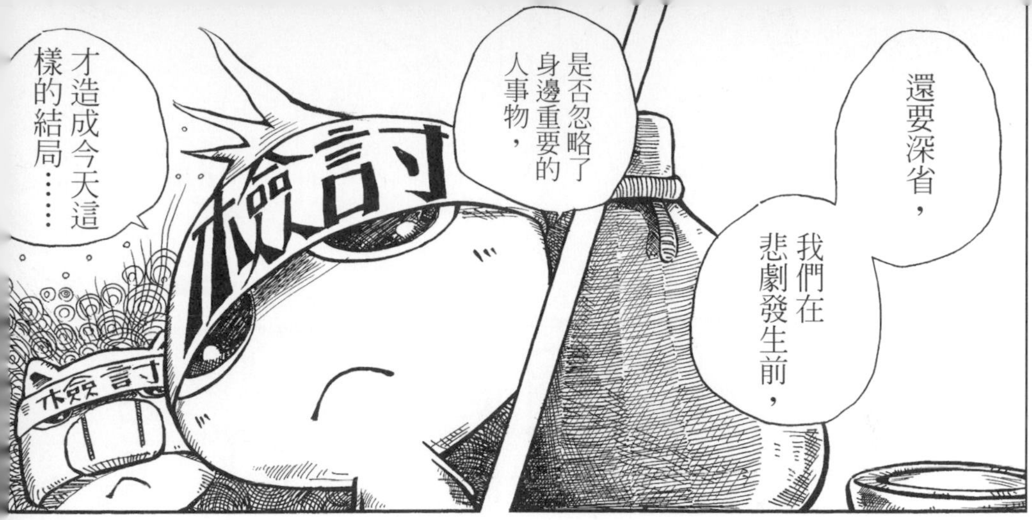
還要深省，
我們在悲劇發生前，
是否忽略了身邊重要的人事物，
才造成今天這樣的結局……
檢討
檢討

不過，可恥的是，
所有的檢討，都在死了一堆人之後，才開始！
檢討會。
阿Q說：「亡羊補牢，無不可也。」

如果這件校園槍擊案，
發生在台灣的話……
眾親屬和媒體記者們，
一定會如喪考妣地包圍兇手家，
順便咒罵列祖列宗，
還要詛咒絕子絕孫！
兇手
抬棺材示威，灑冥紙抗議，噴漆宣告世人……
恨

※弟子——是儒家醬缸產品，柏楊沒有弟子，如言「師承柏楊」——實乃大忌！

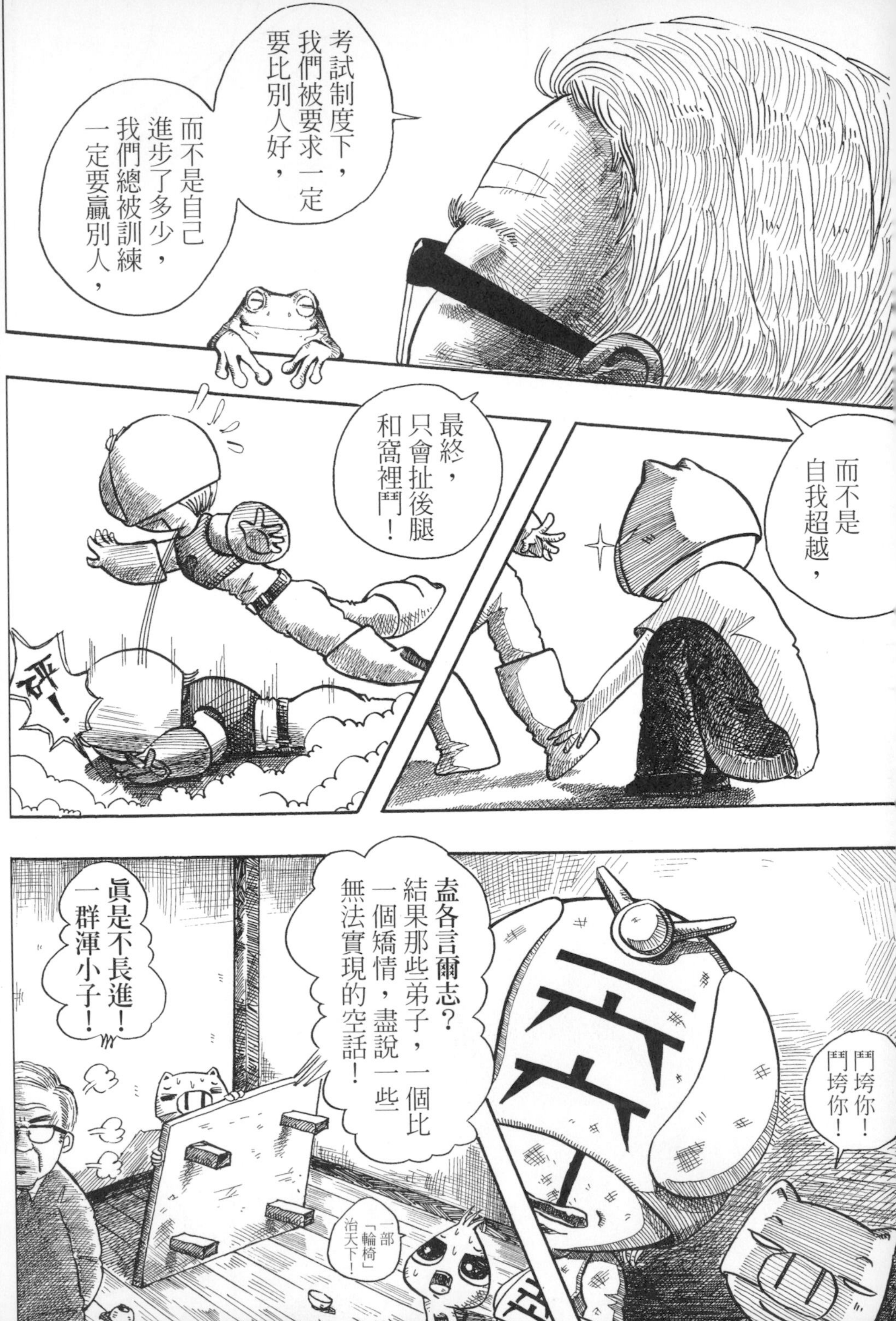
考試制度下，我們被要求一定要比別人好，
而不是自己進步了多少，我們總被訓練一定要贏別人，
而不是自我超越，
最終，只會扯後腿和窩裡鬥！
砰！
鬥垮你！鬥垮你！
盍各言爾志？結果那些弟子，一個比一個矯情，盡說一些無法實現的空話！
一部「輪椅」治天下！
真是不長進！一群渾小子！

當我們忙著跟別人
比較的時候，
美國人早已凌駕於
世界前端，
就因爲他們有
這個胸襟，因此
《醜陋的美國人》
這本書，

才會，
The Ugly American......
捧在手心，
奉爲圭臬！

甚至還改編成電影，
在美國造成轟動！
除了成爲外交部的行動準則外，
還讓老甘下定決心！
成立——
海外和平部隊！
the Ugly American
《醜陋的美國人》
AMERICAN GET OUT
GO HOME
GO-HOME
AMERICAN GET OUT

呃……老甘是誰？
唉……
甘迺迪總統啦！
呯
叫你多念書！
你就是不念！搞到連甘迺迪都不知道！
其實，
《醜陋的美國人》，也有在台灣上映哦！

啊？真的哦？
同樣也造成轟動嗎？
當然囉！
當年在新聞局，造成大轟動啊！

怎麼個轟動法啊？
甭提了！上映兩天，
就被新聞局勒令下片啦！
啊？
爲什麼？

因爲，
美國是——
我們的友邦啊！
但是，《醜陋的美國人》這部
電影，竟然公然污辱美國！
爲了捍衛美國的大腿！

※Oh my god！美國本土都可以「自取其辱」公開熱映，我看新聞局的狗腿邏輯，很適合當美國人的乾兒子哦！

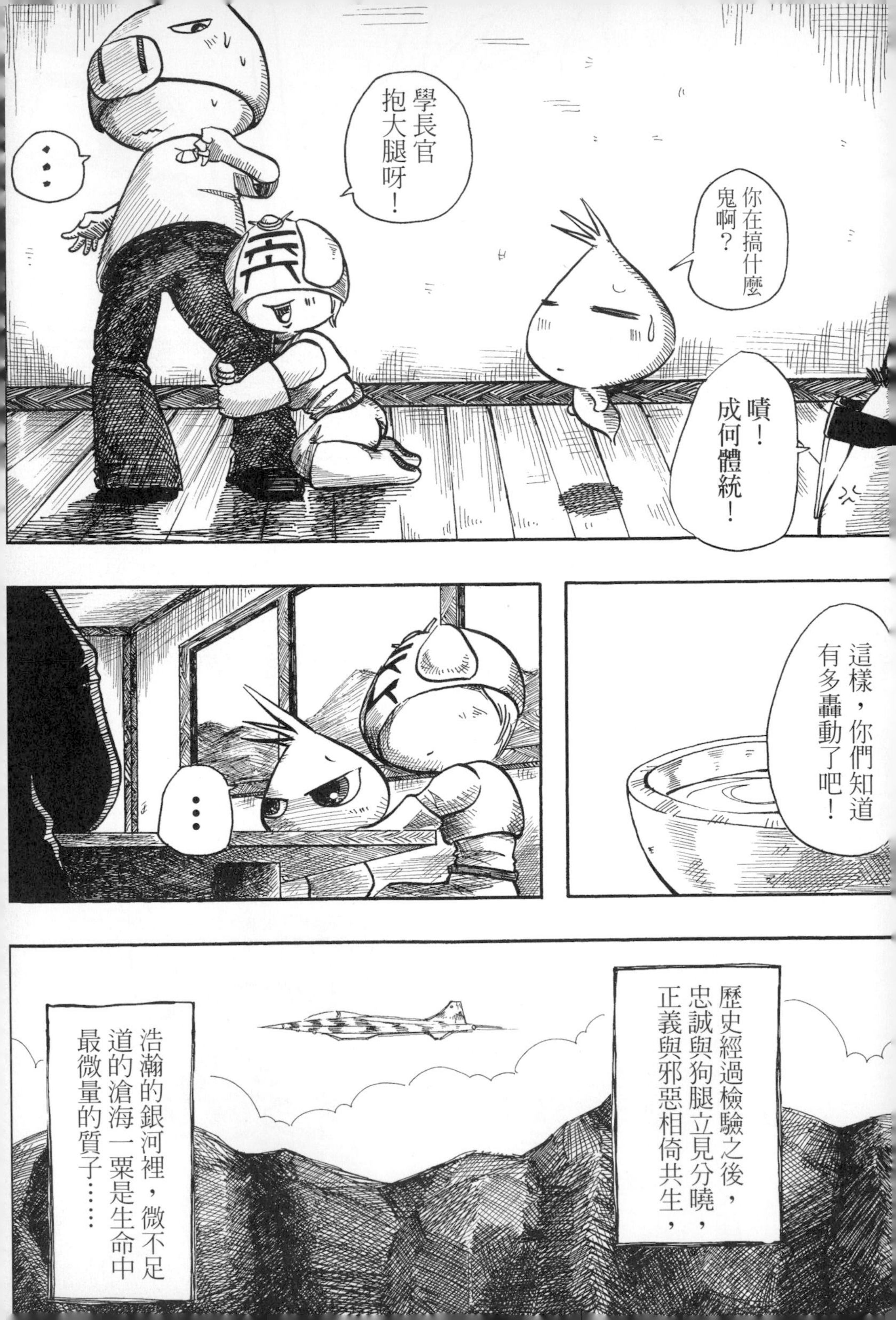

你在搞什麼鬼啊？
學長官抱大腿呀！
……
嘖！成何體統！
這樣，你們知道有多轟動了吧！
…
歷史經過檢驗之後，忠誠與狗腿立見分曉，正義與邪惡相倚共生，
浩瀚的銀河裡，微不足道的滄海一粟是生命中最微量的質子……

美國霸權主義下的醜陋行爲，雖然令人不齒，但是——
他們用愛面對傷痛的那種寬廣無比的胸襟，實在不是我們所能企及。
如果我們不能自省，就永遠只能是一群「醜陋的中國人」。

【第三章】

忍者與武士極道之光隱藏的自卑指數

這是讓我最氣憤的一篇！

日本也有一本《醜陋的日本人》。這本書的問世，足以列入「七大不可思議」中，因為日本人向來以「死不認錯」享譽全世界，因此這本書的出現，似乎表示日本人在觀念上有了革命性的改變！

但，真是如此嗎？

日本軍國主義那段殘暴的歷史舊帳，隨著時間的流逝，逐漸淡化，而日本的精緻產業迅速發展，在世界佔有一席之地，也深深影響新生代的年輕人。

雖然心有不甘，但他們的文化發展，的確讓人敬佩！

但是，在日本人精緻的文化中，卻仍保留那份「殘暴」。

他們不顧《華盛頓公約》的商業捕鯨禁令，堂而皇之的大肆掠奪地球上碩果僅存的珍貴資源，對生態造成嚴重的威脅！

但很奇怪，即使日本受到全世界的強烈譴責，卻仍臉不紅氣不喘的，繼續進行他們的「科學研究」。

此情，此景，讓人見識了日本人的自傲與自卑，但，就是沒有自尊！

你們一定不知道，日本也有一本《醜陋的日本人》吧！
什麼？連日本人都有哦？……這還眞意外耶！
Lima
這本書的作者，是旅居秘魯的第一位日本籍教授。
秘魯眞是好地方啊！

害羞！
買春團
我不是一六六～
爲什麼他身上有「炮」字？
因爲買春團俗稱炮兵團。
炮
哎呀！真不像話，買春還這樣大張旗鼓！
因爲日本人無所不能啊！

但是年輕人受日本人影響很深耶，舉凡時尚、電視劇、電玩、動漫模型……等，日本都做得有聲有色！
對呀！他們什麼都能發展到極致，連外包裝都能做得比主產品還貴咧！
日本人眞是強得夠變態！
像我身上這套，就是取自日本「假面騎士」的精髓啊！
常有人說我裝扮詭異，但是──
「只要我喜歡，有什麼不可以！」
連這句惡劣的廣告詞也是從日本那邊抄來的哦！
吼!!!
日本人果然無所不能啊！

連歷史都能抹殺了，
當然無所不能啦！
把好的通通占爲己有，
壞的全部一腳踢開！
踢！
哇！
即使是全世界最愛鞠躬哈腰的日本人，
碰到這筆歷史舊帳，也顧不得禮儀，狼狽地逃之夭夭了！

跑光了……

唉！
所以人家常說日本人有「禮」無體……
砰！
混——帳！哪來的有「理」啊！
日本人眞的很有「禮」啊！
他只是在搶版面吧！
他在氣啥啊？
哼

但我也聽人說，中國人「無禮無體」。
是喔？
那到底是誰沒有身體？
……
喂！喂！一六六！借一步說話……
？
我跟你說哦，
啥事啊？
？
我剛在火車站看見你家的羅莎公主……跟人跑啦！
ROSA
!!!

羅莎！不要走！我來找妳了！
ROSA！
他就特別有幹勁……
碰到女人
咳
咳
總之，清靜多了，
咳……是啊！
咳
咳
你們眞是瞎胡鬧啊！
哈哈！
不過，日本做了件事，

我只要想起這件事，
就會！
非常生氣！
砰！
全世界的先進國家，都把鯨魚列爲保育類動物！
呵呵，不含日本喔！
沒錯！
唯獨你們這些「有禮」的日本人！
年年不顧國際禁令，還大肆地——獵捕鯨魚！
哪有獵捕，我們在做「科學研究」啦！
獵捕的手段如此殘忍！如此野蠻！實在令人髮指啊！
這是我們的飲食文化耶！

※哈尼=honey=甜心、蜜糖

哼！貼心個屁！你這個混蛋豬！
我家羅莎公主才沒跟人跑掉咧！
碰!!

※羅莎公主=Rosa=一六六的緋聞情人，詳情請見http://blog.sina.com.tw/momoandpig

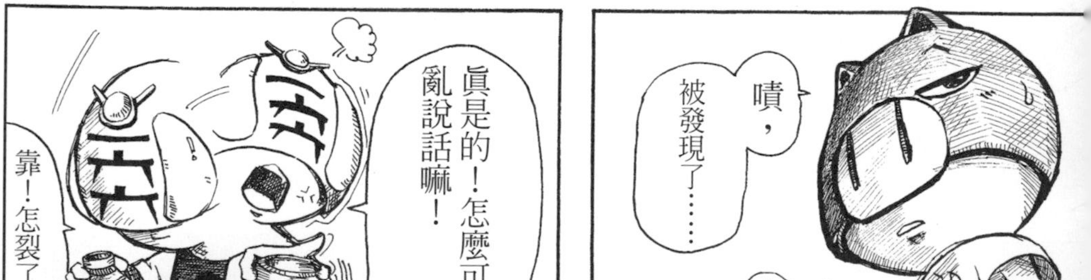
嘖，被發現了……
…
哼！
眞是的！怎麼可以亂說話嘛！
靠！怎裂了！

※靠=用於表示驚訝、生氣的情緒性狀聲詞，不宜常用。

哼！我家哈尼才沒有亂說話，亂說話的是那個天殺的日本漁業署啦！
又來了！
漁業署說啥？

漁業署
「我們所領軍的科學研究，將會推翻禁止商業捕鯨的禁令，並善加利用鯨魚資源！」
「同時，這項鯨魚研究，對日本的傳統……相當重要！」

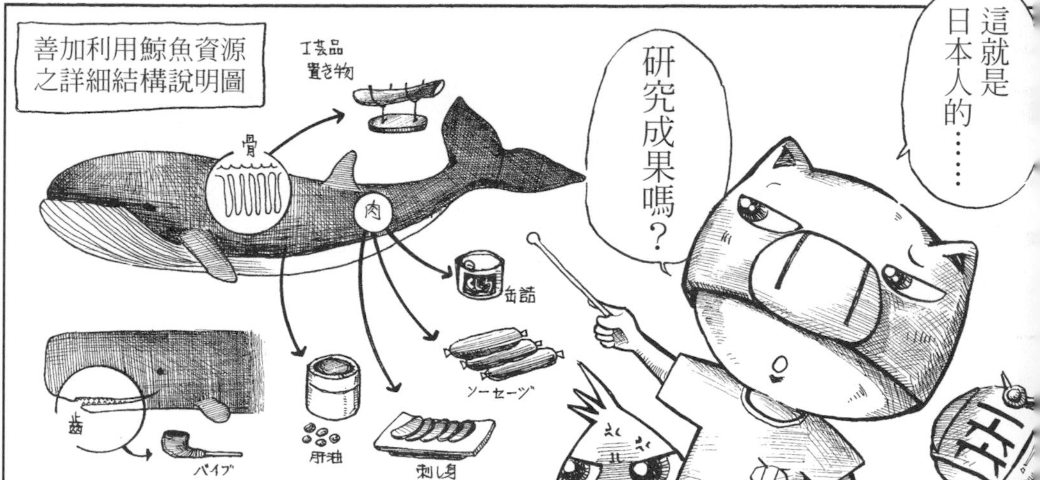

※此圖僅供參考，不宜善加利用！

※雖然鯨魚的體型很大，但大部分的鯨魚個性溫和，只吃浮游生物和鱗蝦，這些食物小到沒辦法塞牙縫！

因爲太荒唐了，所以一六六
再也聽不下去，激動地
怒目而吼，吼得驚天動地！
啊啊啊
恨不得把地獄裡的
義和團吼出來，
再大幹一場！

把這個專務抓去餵大白鯊啦！
喂……
冷靜點……

※其實大白鯊對人沒興趣，他們比較喜歡吃海豹。

換你喝茶消消氣……
也難怪他會這麼生氣啦！

因爲，
那專務講的理論，一聽就知道，他根本就是胡扯一通嘛！

※逆戟鯨又稱殺人鯨或虎鯨，雖然名字裡有「鯨」字，但其實他是體型最大的海豚哦！

而聰明的日本人，
卻明知故犯！
吼
於是對環境造成更大的傷害……
真是自私的日本人
轟!!

眞是的！
氣到天都黑了！
唉！
話說太多，肚子餓了！
笨蛋！柏老都沒喊餓！你竟敢先靠夭！
動腦容易餓嘛！
你無法體會吧？
？
咕嚕咕嚕
嗅！
嗅！
啊！
柏老！你怎麼丟下我們自顧自地吃起來！
哈！
嗚呼！
吾乃曠世奇才，隨手拈來，便是一桌酒菜！
還喝酒……

喂！柏老喝醉了嗎？
唔……
這就是道地的「倚夢閒話」吧。
笨蛋小心！
砰！
嗚！
啊！
嘖嘖嘖！
誰要說我不是曠世奇才，
誰可得小心！
萬一黑巷子裡有人飛磚，
把閣下尊頭上打一個大包，
可別往我身上賴哦！

哎喲……
別鬧了啦！日本人這齣鬧劇的第二個理由是什麼？
好吧！
第二個莫名其妙的理由是……
科學研究
喂！誰准你在牆壁上亂畫的！
…

咳，調查的時候，我問了一個日本人，
捕鯨與科學研究有什麼關聯？
這項科學研究非常重要！
這項科學研究在日本的推動下，
將積極的管理和保護鯨類資源！

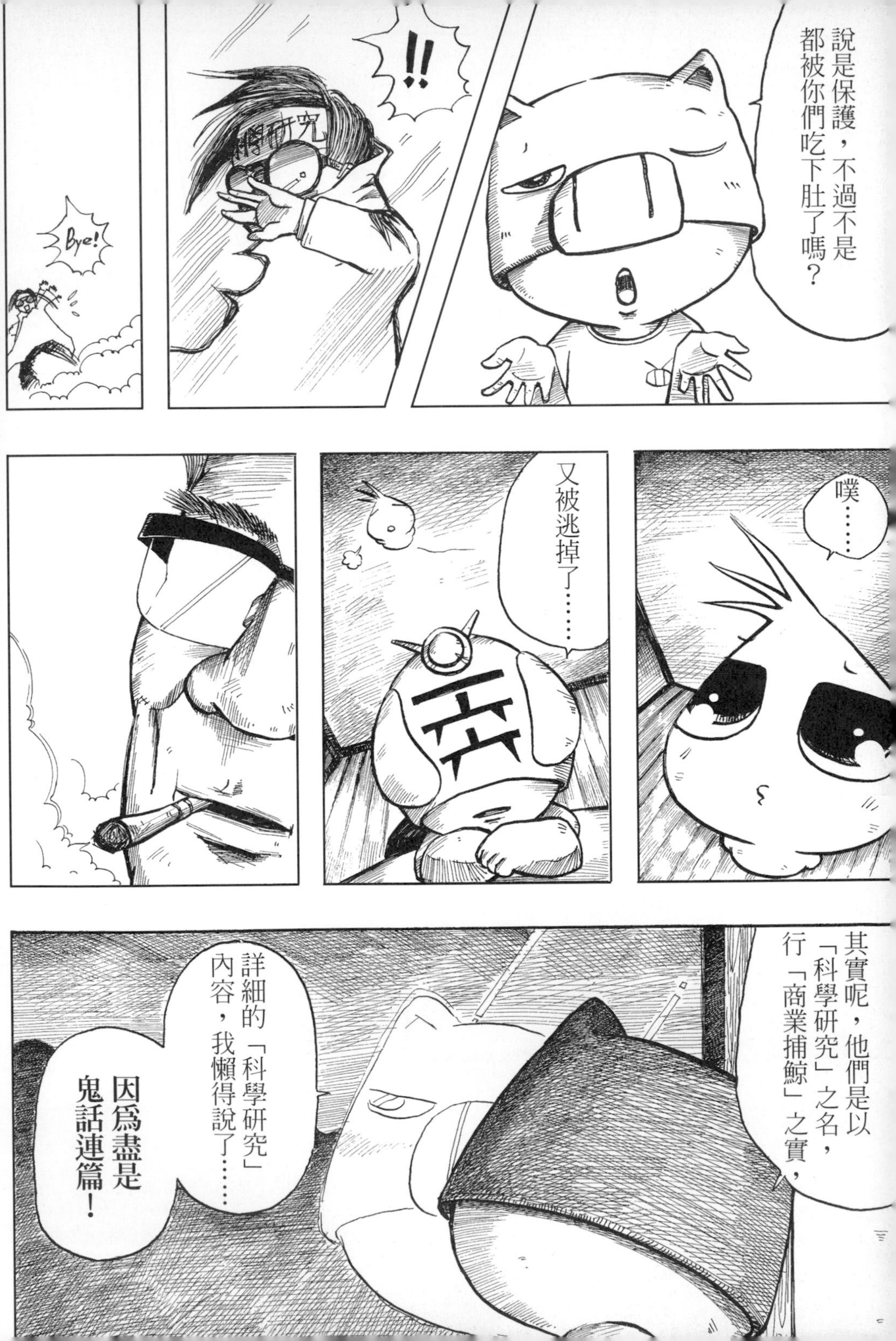
說是保護，不過不是都被你們吃下肚了嗎？
!!
Bye!
噗……
又被逃掉了……
其實呢，他們是以「科學研究」之名，行「商業捕鯨」之實，
詳細的「科學研究」內容，我懶得說了……
因爲盡是鬼話連篇！

但是，
他們獵殺的數量，從每年三〇〇頭，
逐年增加到八〇〇頭。
鯨魚的數量逐年銳減，
但他們竟然……
再度將獵殺數量提高到一三五〇頭！

甚至打破一九四四年以來的禁令！
計畫要獵捕五〇頭瀕臨絕種的……
保育類動物——座頭鯨！
而這些鯨肉，流入市場後，
必定會爲相關部門帶來巨大的經濟效益！

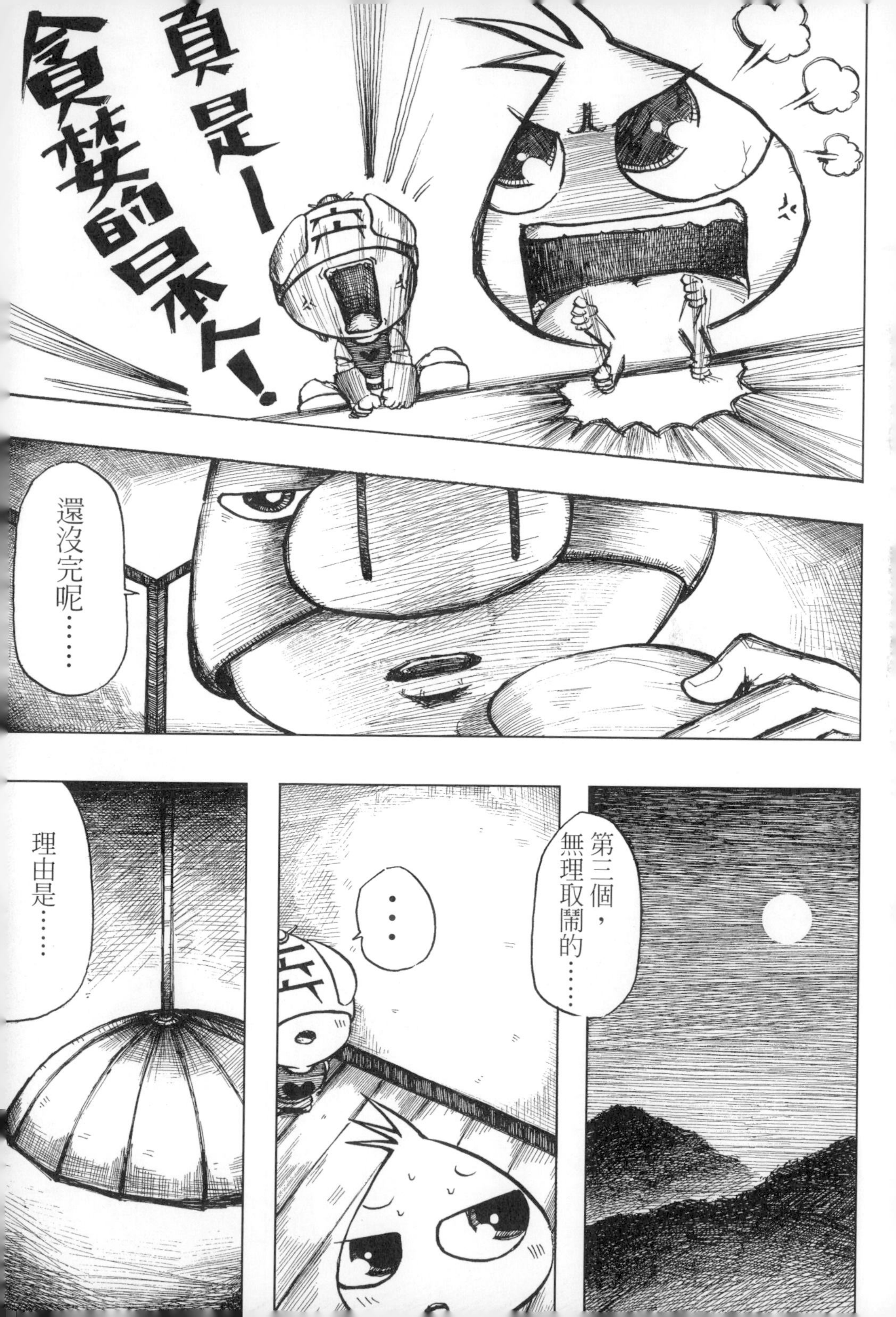
真是！
貪婪的日本人！
還沒完呢……
第三個，無理取鬧的……
…
理由是……

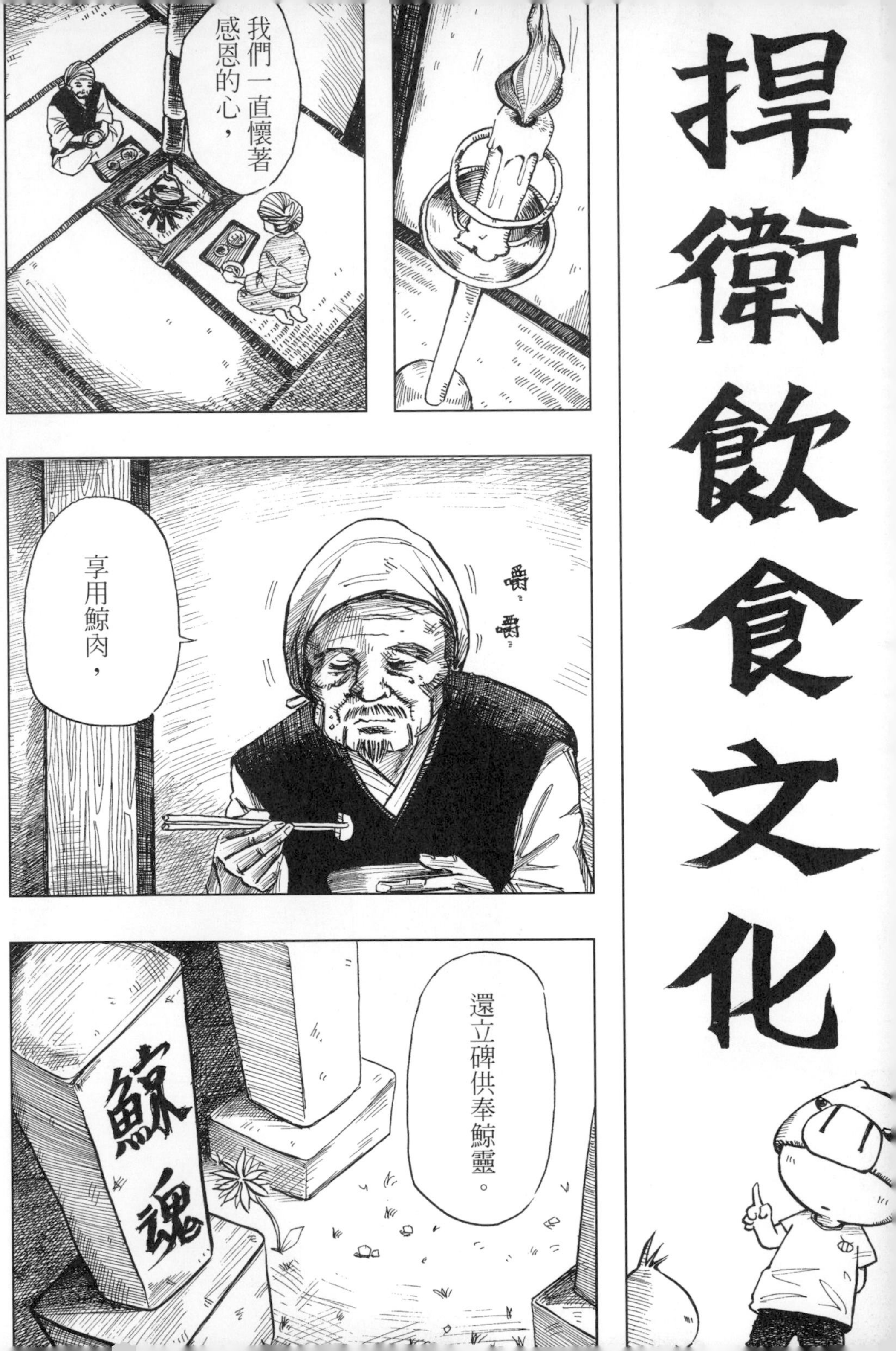

捍衛飲食文化
我們一直懷著感恩的心，
享用鯨肉，
嚼嚼
還立碑供奉鯨靈。
鯨魂

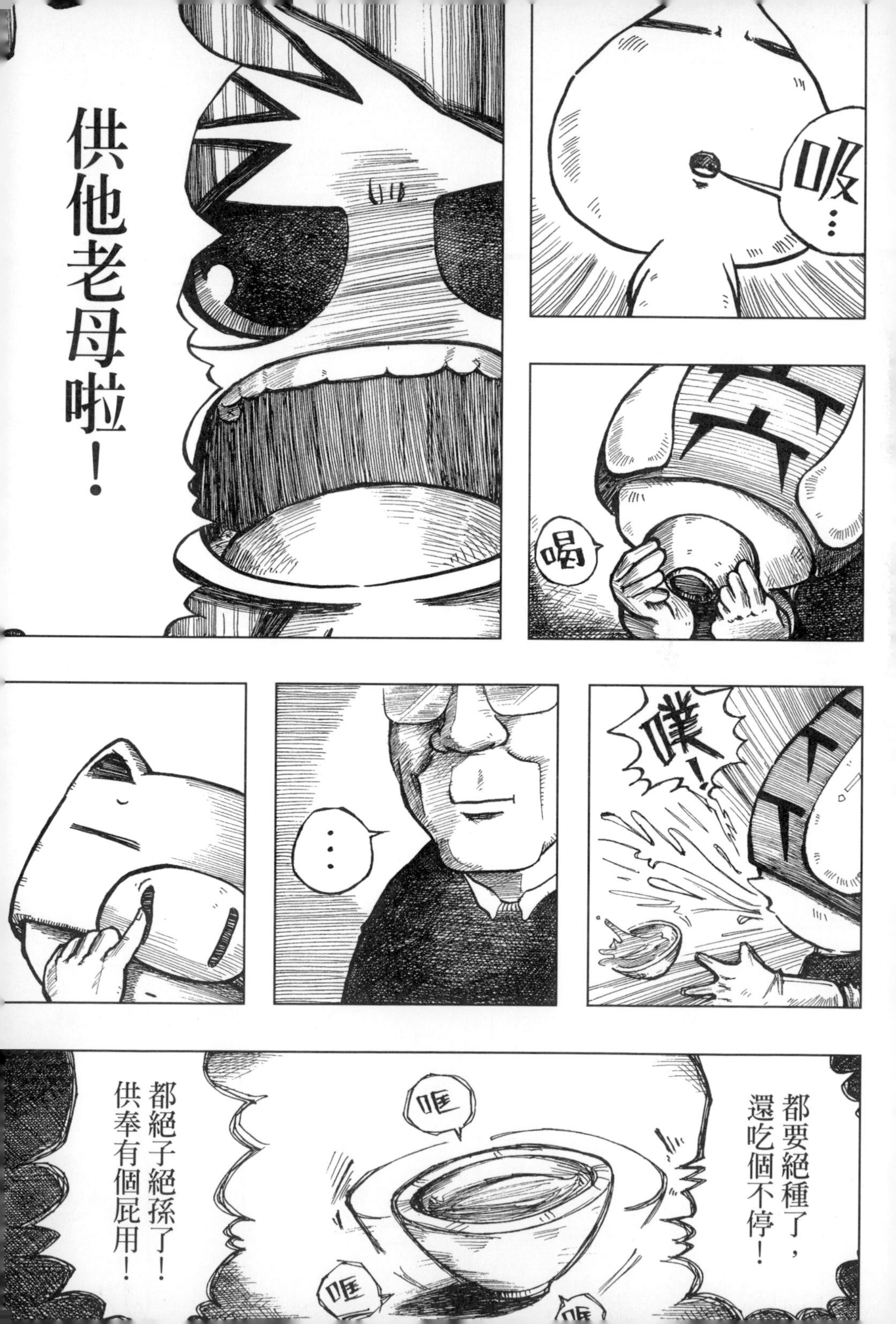
吸…
喝
供他老母啦！
噗！
…
都要絕種了，還吃個不停！
哐
哐
都絕子絕孫了！供奉有個屁用！

因爲戰後日本缺乏糧食，
當時靠著大量捕鯨，
解決飢餓的問題。
但是，
如今早已衣食無缺了，
鯨肉卻仍然大量在市場流通……
…
另一方面，

爲了捕鯨和鯨食文化的延續，
還鼓勵學生食用鯨肉。
特別是日本千葉縣，
還舉辦鯨食文化節，
鯨
藉各種鯨肉的烹煮方式，
來宣傳鯨食文化的美好！
有些日本人認爲，禁止捕鯨的禁令，
根本就是對日本飲食文化的褻瀆！

你還好嗎？
這種需要殘害生命、破壞生態的文化，
眞的有……這麼重要嗎？

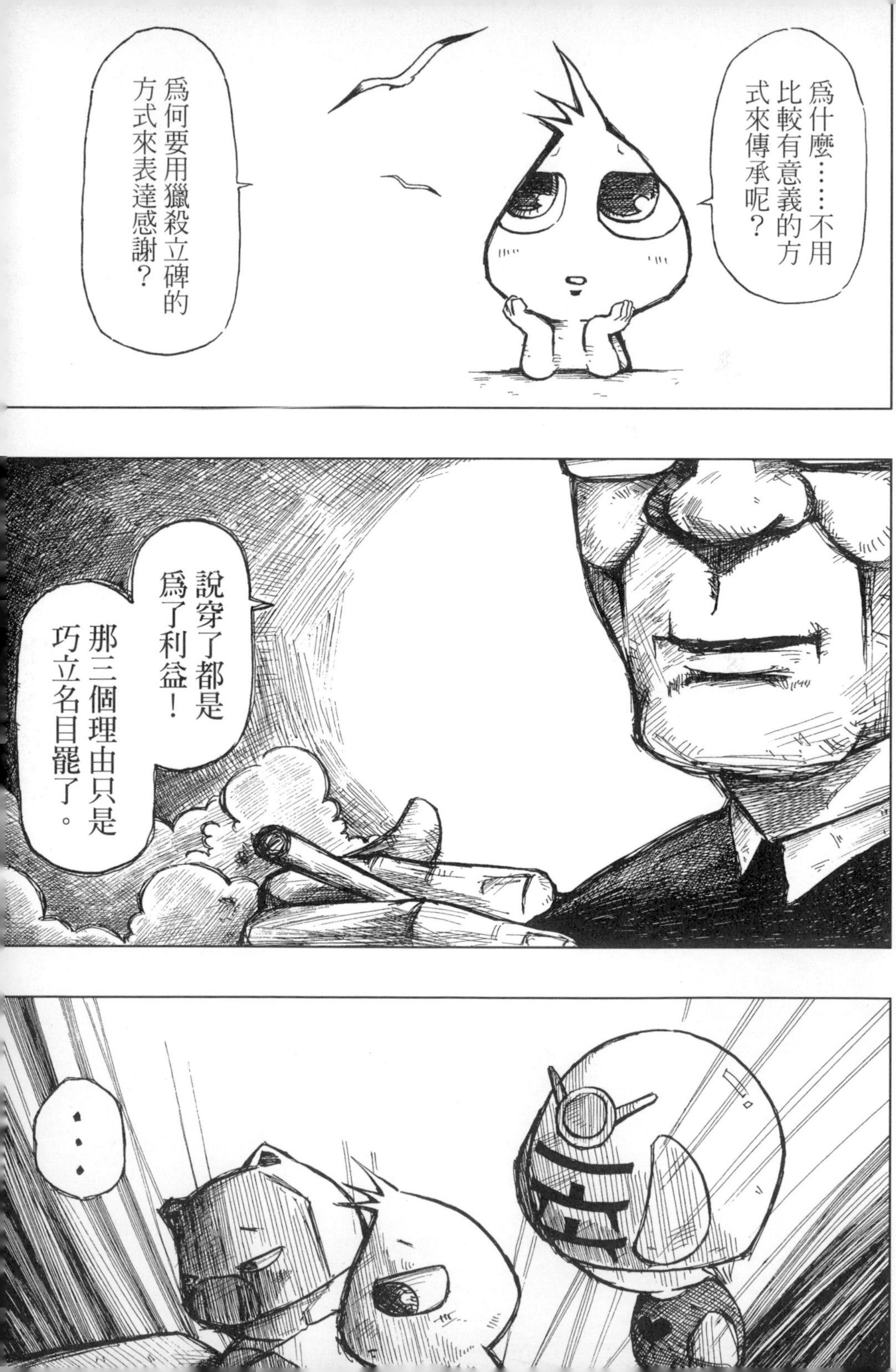

爲什麼……不用比較有意義的方式來傳承呢？
爲何要用獵殺立碑的方式來表達感謝？
說穿了都是爲了利益！
那三個理由只是巧立名目罷了。
…

難道思想與文化必須將生命，
踐踏殆盡……
才得以傳承嗎？

爲什麼不讓鯨魚的生命永續，然後……在好久好久以後，
牽著孫子的手，
指著美麗的鯨魚……
告訴他們，就是這群優美的動物，
拯救了當時殘破不堪的日本，幫助祖先度過那段饑荒的歲月……

海洋雖大，但不代表資源取之不盡，
而生態系統環環相扣，一個物種的滅絕，
將會使上百種甚至上千種動物瀕危……

而這些物種的存在，
使地球的環境更爲健康，
沒有牠們……

土地會變得貧瘠，植物也會凋零，
湖泊失去生命，大海一片死寂。

短視近利與需索無度，讓環境的
壽命減短，居住環境受到威脅，
難保我們不是下一個滅絕的生物，

而這些利益和私心，
值得拿來與生命下賭注嗎？

【第四章】

公民品格教育新運動

除了日本為了美食，搶當人人喊打的過街老鼠，中國對美食的慾求也有過之而無不及。除此之外，更藉中藥之盛名，在珍貴的野生動物身上需索無度。不論是食材還是藥材，均取之於野生動物，用之於貪婪之心，取材的過程又非常殘忍不人道，因而受到國際保育團體的撻伐。踐踏生態資源的殘暴程度，中國與日本可說是旗鼓相當、難分軒輊。

而日本的文化與精緻產業在全世界嶄露頭角，中國的經濟發展也不惶多讓，只可惜文化水準趕不上突飛猛進的消費能力，五千年的文化持續空轉，醬缸愈沉愈稠。

但不論是《醜陋的中國人》還是《醜陋的日本人》，在過去那個年代，同樣都是在當時投下震撼彈、引起軒然大波的「公民品格教育新運動」！

其實，
趕盡殺絕也要維護文化的可不止日本人哦！
爲了美食和藥材，
中國也不惶多讓哦！
舉凡，
天上飛的，
地上爬的，
土裡鑽的，
連人家的窩也不放過！
我知道中國地大物博人才輩出乃蟠龍之地，
但我還眞不知道，連房子都能炒來吃喔！

你少白目了！
我說的是——
這些—！
老佛爺、皇太后、貴婦夫人
小姐的美容保養聖品！
燕窩——！
喂！
不要亂來啦！
好啦！
看你臉色鐵青！
好像剛挨過誰的鞋底，
瞧你臉上還暴青筋的！
也不過，
就是拆了窩來吃而已嘛，
又不是把燕子吃了！
※白目：用意廣泛，這裡指說話不經大腦，完全狀況外的傢伙！

那我幫你把房子賣了，然後錢歸我，你去喝西北風如何？
呃…
呃！這可不行！
哼！拆你房子就不行，爲了整修門面就可以拆燕子的窩？
哪門子的道理嘛？
這這這……
唔……
眞是個自私自利、自視甚高，不懂得尊重生命的民族！

有這麼嚴重嗎？
當然有啊！
哼！！
壞蛋！
滾蛋！
壞蛋！
滾出去！
哼！這一對狗男女！
一唱一和地，猛丟閃光彈，耀眼奪目的咧！
哼！明年跨年，你們去一〇一大樓那邊丟嘛！
祝你們丟得爽到歪掉！
一六六……當這麼久的王老五，一定很寂寞吧！
明年他們去丟閃光彈，你就來我家吃年夜飯吧！
哇！真的嗎？柏老要親自下廚招待我呀？
別鬧了！當然是你準備好料弄給我吃囉！
…

!!
……
暫時拋下一六六悲慘的人生，繼續往下看吧！
翩翩堂前燕，冬藏夏來見。
冬天結束，氣候轉暖時，
燕子就會萬里迢迢地飛回老窩，
年復一年，秋去春來，從未停歇……
燕子忠於愛情，也努力付出，築巢的時候會搶著幹活，
燕子間也相當友愛，萬一鄰居的巢倒塌了，就會紛紛前來支援。
多情的燕子，每年都會回到老窩，而長大的燕子也會回到家人身邊，比鄰而居。
好感人！
是很感人啊！但是窩都被拆掉！
拿去賣錢啦！
沒錯！
但不只如此！

鹿茸和熊膽可以製成昂貴的藥材，但是取熊膽的過程十分不人道！
取鹿茸雖不會致命，而且鹿茸還會再生，
但鹿茸是雄鹿的第二性徵和打架工具，這一割怎得了……
而中國人愛進補，第二性徵補不夠，連第一性徵鹿鞭，也給人家割下來賣錢……

※熊膽：將未消毒的金屬導管，在沒有麻醉的情況下插入膽內，每日取用。若傷口受到感染，則會引起囊腫，甚至奪走性命！取熊膽的過程非常不人道，且熊膽並非無可取代的藥品，因此請杜絕動物性藥品的存在！

割不得！
!
割不得！
哼
什麼嘛！自己的不能割，卻可以割別人的！
此外，中國人除了進補，也愛山珍海味！
我最愛！
魚翅！
…
說到吃，你就生龍活虎！

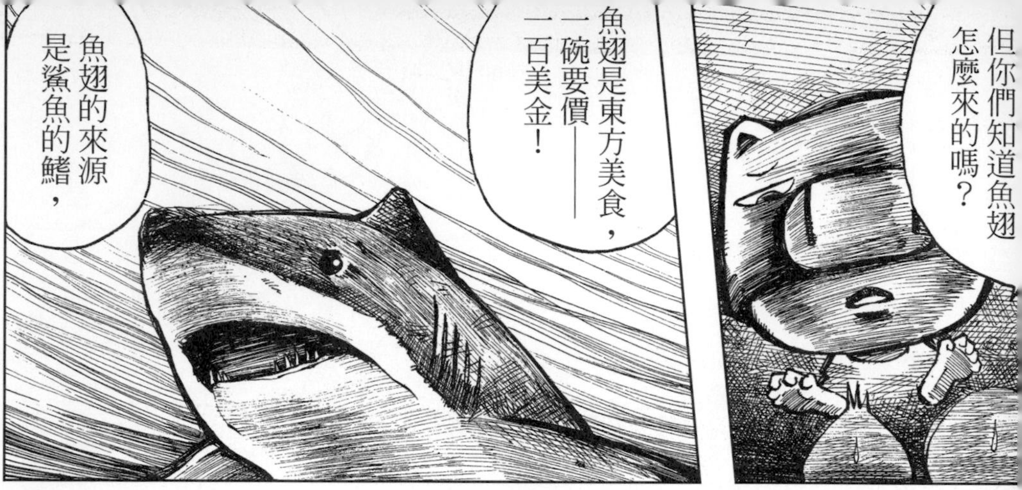

※鯊魚的皮膚很敏感，所以牠們會定期到「清潔站」讓小魚清理牠們身上的寄生蟲，但鯊魚不會吃掉牠們，反而會全身放鬆很舒服似的任由小魚清理，如上圖所示！如果鯊魚滅絕，那麼這些小魚也會跟著滅絕……，這就是環環相扣的生物鏈！

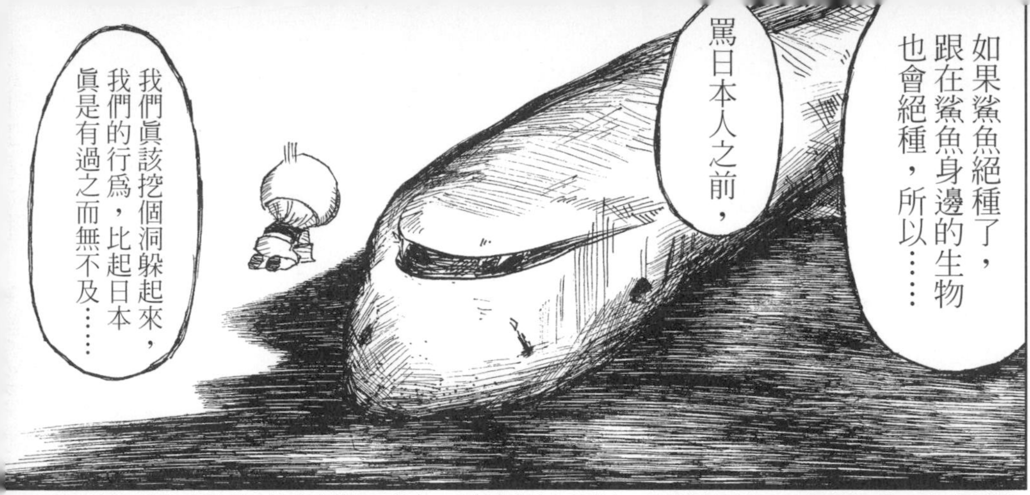
如果鯊魚絕種了，跟在鯊魚身邊的生物也會絕種，所以……
罵日本人之前，
我們眞該挖個洞躲起來，我們的行爲，比起日本眞是有過之而無不及……

※台灣沿海的定置漁網時常會捕獲美麗的豆腐鯊，豆腐鯊雖然身形龐大，但是個性溫和，只吃浮游生物，然而豆腐鯊在二〇〇二年已列入保育類動物，美澳等國已明文禁止獵捕。然而台灣卻是全世界唯一會吃豆腐鯊的國家……

語畢，三個人都陷入沉默……
與寂靜的月夜相互呼應。

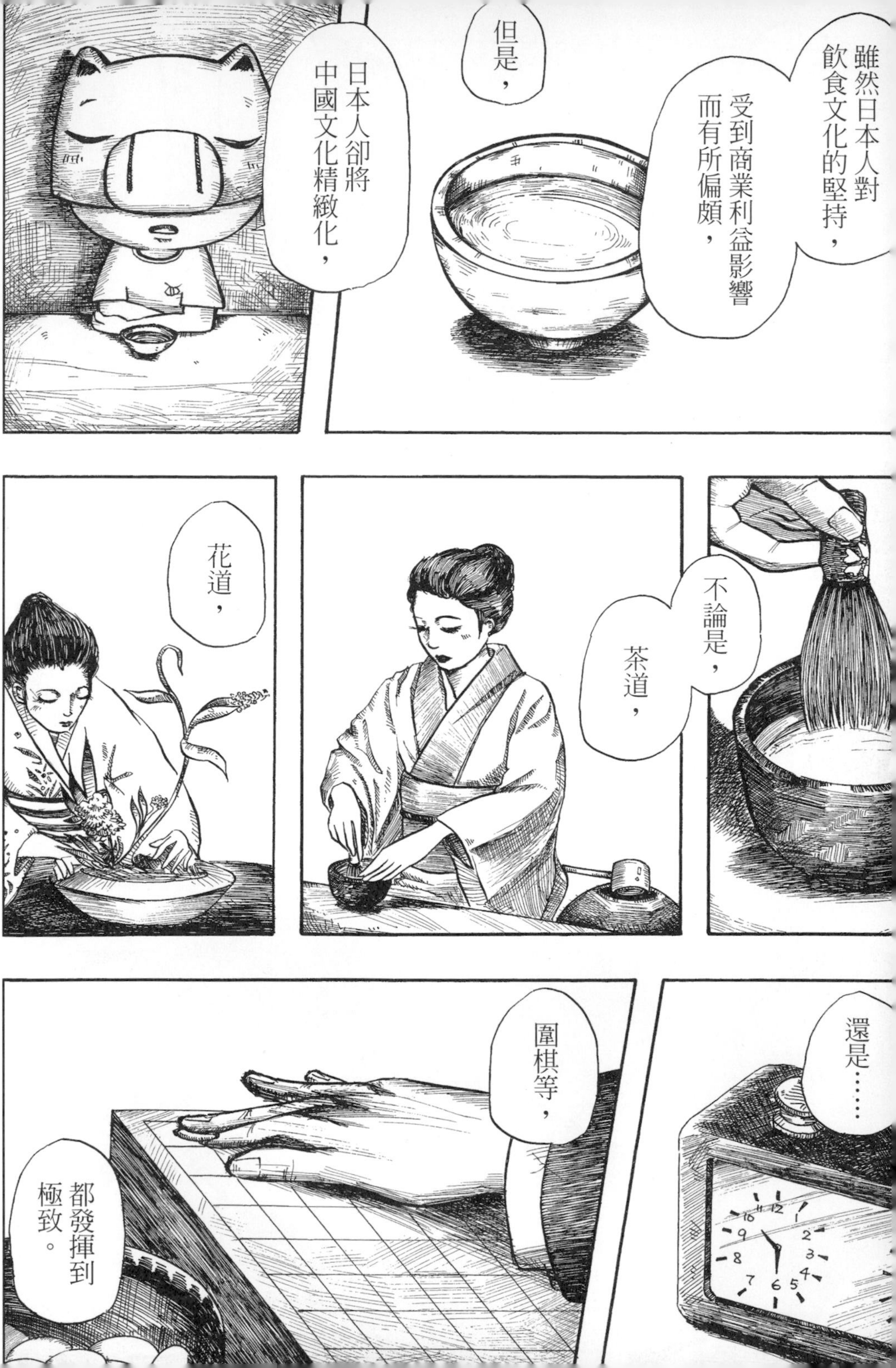

雖然日本人對飲食文化的堅持，
受到商業利益影響而有所偏頗，
但是，
日本人卻將中國文化精緻化，
不論是，
茶道，
花道，
還是……
圍棋等，
都發揮到極致。

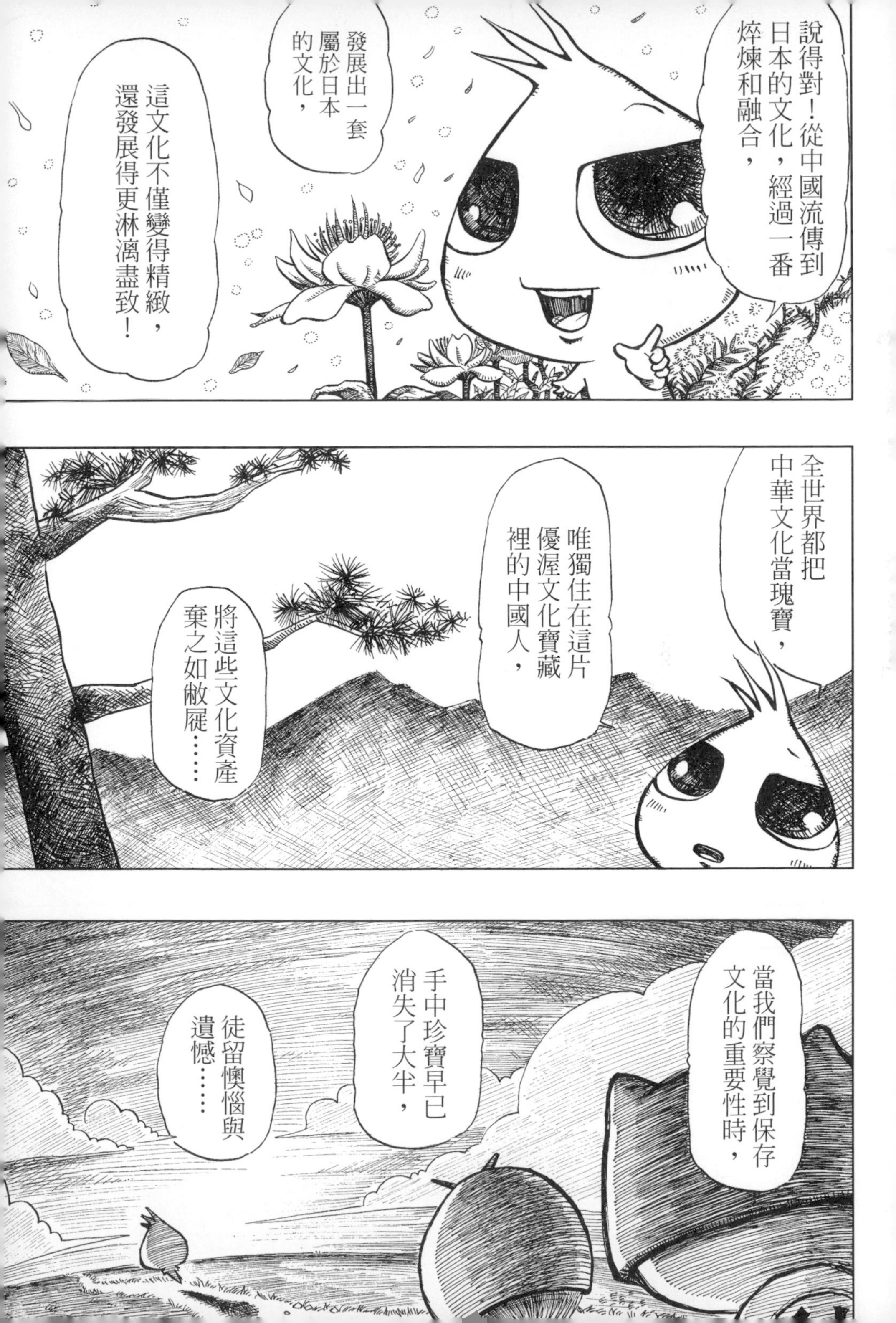
說得對！從中國流傳到日本的文化，經過一番焠煉和融合，
發展出一套屬於日本的文化，
這文化不僅變得精緻，還發展得更淋漓盡致！
全世界都把中華文化當瑰寶，
唯獨住在這片優渥文化寶藏裡的中國人，
將這些文化資產棄之如敝屣……
當我們察覺到保存文化的重要性時，
手中珍寶早已消失了大半，
徒留懊惱與遺憾……

中國人擁有五千年歷史的雄偉氣勢，
卻缺乏五千年文化之涵養……
而擁有如此精緻文化的日本人，
在如此細膩多禮的儀表下，
卻做出有辱國家名譽，
受世界唾棄的殺戮行爲，
沉浸在這片鮮血染紅的大海中，無視世界的譴責，
缺乏世界觀，
一味地堅持自己是正確的！

柏老！快告訴我們嘛！日本人到底在搞什麼啊？
聊到天都亮了，還不放過我……

我說日本人就是「死不認錯」呀！
爲了掩飾一個錯，不得不用很大的努力再製造更多的錯，
來證明第一個錯不是錯！
但柏老呀，《醜陋的日本人》問世，代表日本人也在反省吧？
先別管日本，偷偷告訴你哦！
《醜陋的中國人》這本書可是有英、日、韓、義……等譯文版本喔！
日本一定跟美國一樣，
把這本書當做圭臬吧？
哼…

圭個頭咧！作者閣下面對非難和威脅，不得不隱姓埋名啦！
日本人大概是認爲家醜不可外揚吧！
好過份喔！怎麼這樣呀！
不是因爲我加入炮兵團害了他吧？
…
呃……
對不起！
咲
我想這就是東西方文化的差異吧……

中國比起日本好像又差了一級，
如果我把這本書寫出來的話，
可能要拜託Momo，去給我送牢飯囉！
哎！
中國人把所有事情都泛政治化啦！

不過還好你沒寫！不然眞的得天天替你送飯啦！
我這麼可愛，被擄走怎辦！
不可能！
不寫就不寫！不過我一直想找個機會，
以「醜陋的中國人」爲題，做個口頭報告，
並請教各階層的朋友。
嗯……
想用這題目去演講還不容易耶！

唉！對啊，想當初在台北請我演講的人，
一聽到我要講「醜陋的中國人」，
ROTARY
同舟共濟
車馬費
嚇得像見鬼似的，立刻跟我說拜拜！
唉……
一定跑得飛快……
美利堅合眾國
先走一步！
IOWA
愛荷華大學
所以回想起在美國愛荷華大學，用「醜陋的中國人」這題目來演講時，

心中那種熱血沸騰的感覺仍歷歷在目，至今永難忘懷！
LIN for TAIWAN
LOVE TU
真的很感謝愛荷華大學給我這個機會！
不曉得能A多少錢哦！
混帳！
愛台灣的人怎麼可以A錢！
什麼都可以，不要絕食就好！
他們到底在罵誰啊？
你敢亂畫！難道你不想活了嗎？
哎
我哪敢亂畫呀～！

【第五章】

柏楊VS.貝聿銘超時空對話

柏老第一次用「醜陋的中國人」為題目來演講，是在美國愛荷華大學。而第一次冠冕堂皇、在公開場合大談「醜陋的中國人」，則是在台灣東海大學。兩次的經驗都在柏老心中刻下深深的印記，只不過一個是開心的印記，一個是遺憾的印記。

那個缺乏包容性的年代，讓人失去獨立思考的能力，身處壓抑的環境，更讓人恐懼獨立思考，也因此讓東海大學與歷史性的一刻失之交臂，成為永遠的遺憾……

你們看！這是東海大學的路思義教堂！
是著名的建築師貝聿銘設計的哦！
咔嚓
不過！
路思義教堂曾經差點被拆掉哦！
爲什麼我這麼小格？
爲什麼？
因爲要開通工業區的道路，才會差點被政府給拆掉。
實在令人扼腕呀！
又沒拆掉，你哭啥！
而且你扯得太遠啦，
柏老在愛荷華的故事正精采，你帶我們來東海大學幹嘛啊？
嗚！我又這麼小格了……
嗚

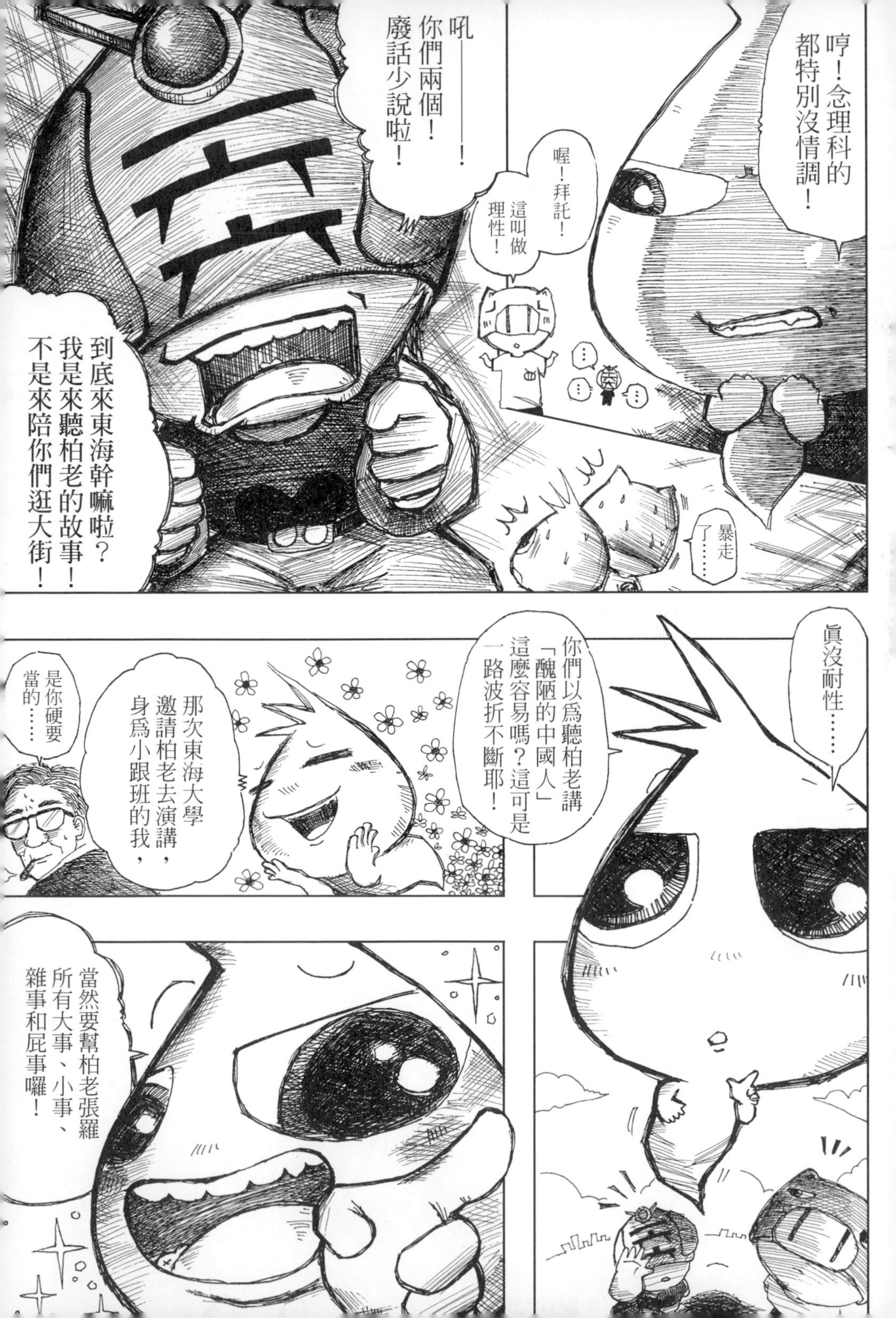
哼！念理科的都特別沒情調！
喔！拜託！這叫做理性！
吼——！你們兩個！廢話少說啦！
到底來東海幹嘛啦？我是來聽柏老的故事！不是來陪你們逛大街！
暴走了……
眞沒耐性……
你們以爲聽柏老講「醜陋的中國人」這麼容易嗎？這可是一路波折不斷耶！
那次東海大學邀請柏老去演講，身爲小跟班的我，
是你硬要當的……
當然要幫柏老張羅所有大事、小事、雜事和屁事囉！

說重點啦！
哎喲！好啦！
好啦！
當時，我告訴他們，柏老要講的題目是「醜陋的中國人」，
記得當時那個同學會會長……
請問……
「醜陋的中國人」這題目……
會不會有問題啊？
怎麼會有問題！
柏老大人率先打破醬缸，成爲台灣言論自由的先驅，是華人世界的個中翹楚呀！
必勝!!

呃……
是沒錯，不過我想你最好先去訓導處打聽一下……
柏老這個人啊！是出了名的頭號問題人物耶！
這次他又挑了個問題題目來演講！
嗚～！
根本就是問題人物裡面的個中翹楚啊！
呃……
那我趕緊打個電話問問！
是！
是！
!!!
什麼！這樣喔！
這下問題可嚴重了！
是！是！我瞭解了！
呵呵……

哈哈哈……
呃……小跟班大人呀，訓導主任他說……
問題不大！
問題不大！
不過……
這題目是不是能改一改啊？因爲「醜陋的中國人」難聽得要命啊！
改個冠冕堂皇大家愛聽的題目嘛！
唉，又來了，先逃爲妙喔！
別跑呀！
這年頭，跟班難爲呀！
我早就知道中國人沒辦法接受批評的！

然而中國已經是經濟起飛的國家了，
卻還一直把重點放在國民所得，
只在乎每個人的收入多寡，
卻疏忽最基本的品格素養，
所以始終無法得到國際的尊重，
充其量也只是讓人睨視的暴發戶！

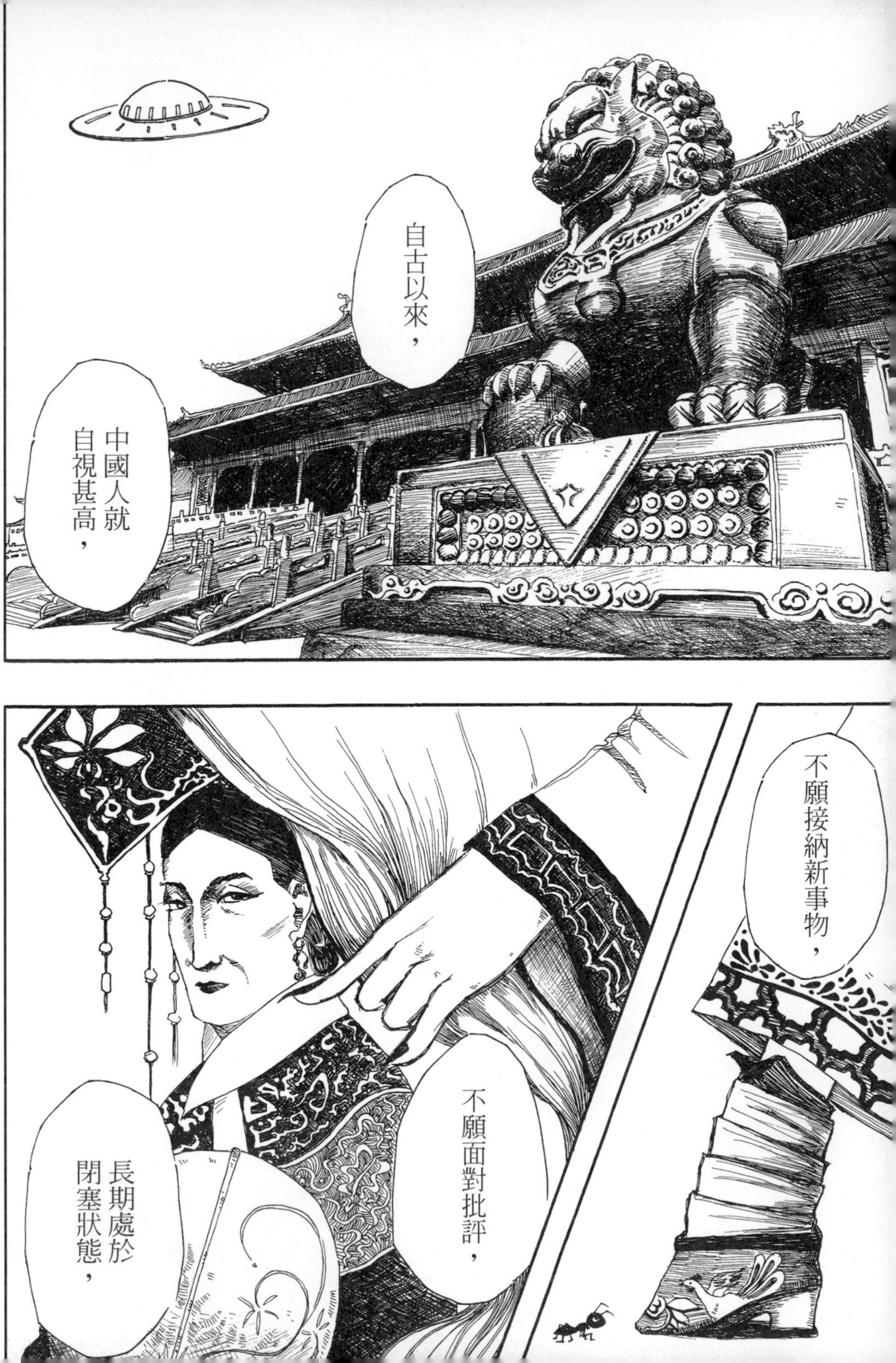
自古以來，
中國人就自視甚高，
不願接納新事物，
不願面對批評，
長期處於閉塞狀態，

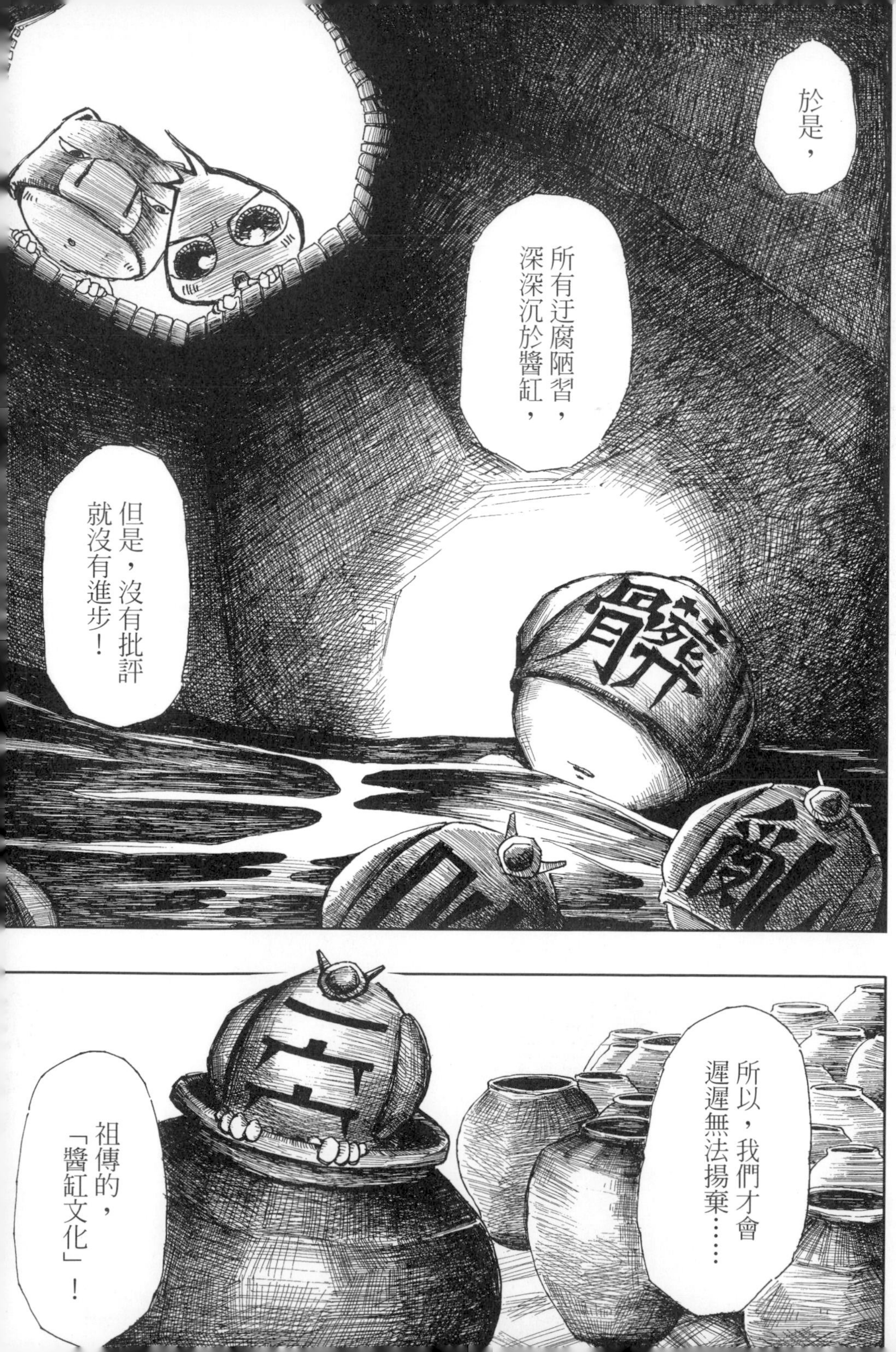
於是，
所有迂腐陋習，深深沉於醬缸，
但是，沒有批評就沒有進步！
所以，我們才會遲遲無法揚棄……
祖傳的，「醬缸文化」！

李榮勝教授說過：
「文化是傳承，不是捍衛。」

※李榮勝教授是中國現代文學館的常務副館長。

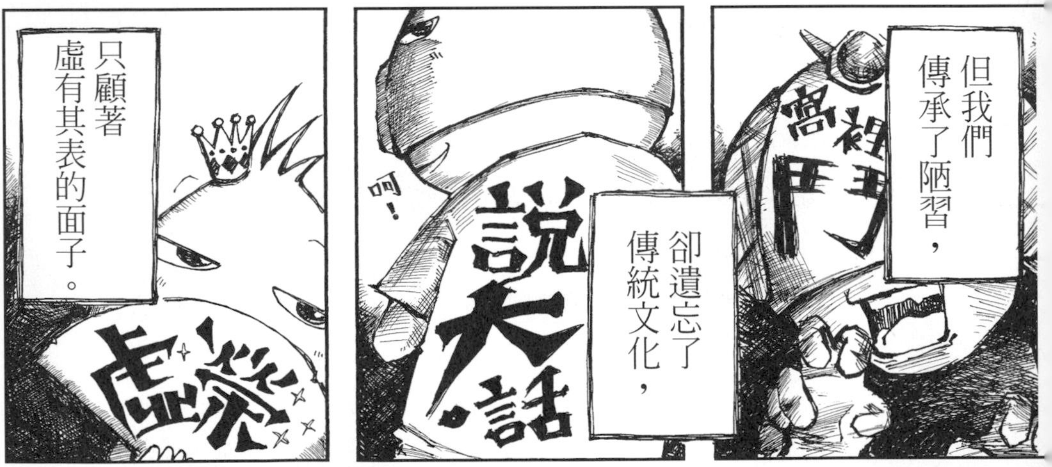
但我們傳承了陋習，
窩裡鬥
卻遺忘了傳統文化，
說大話
呵！
只顧著虛有其表的面子。
虛榮

端午節，
被韓國註冊爲世界遺產，就是最好的例子！

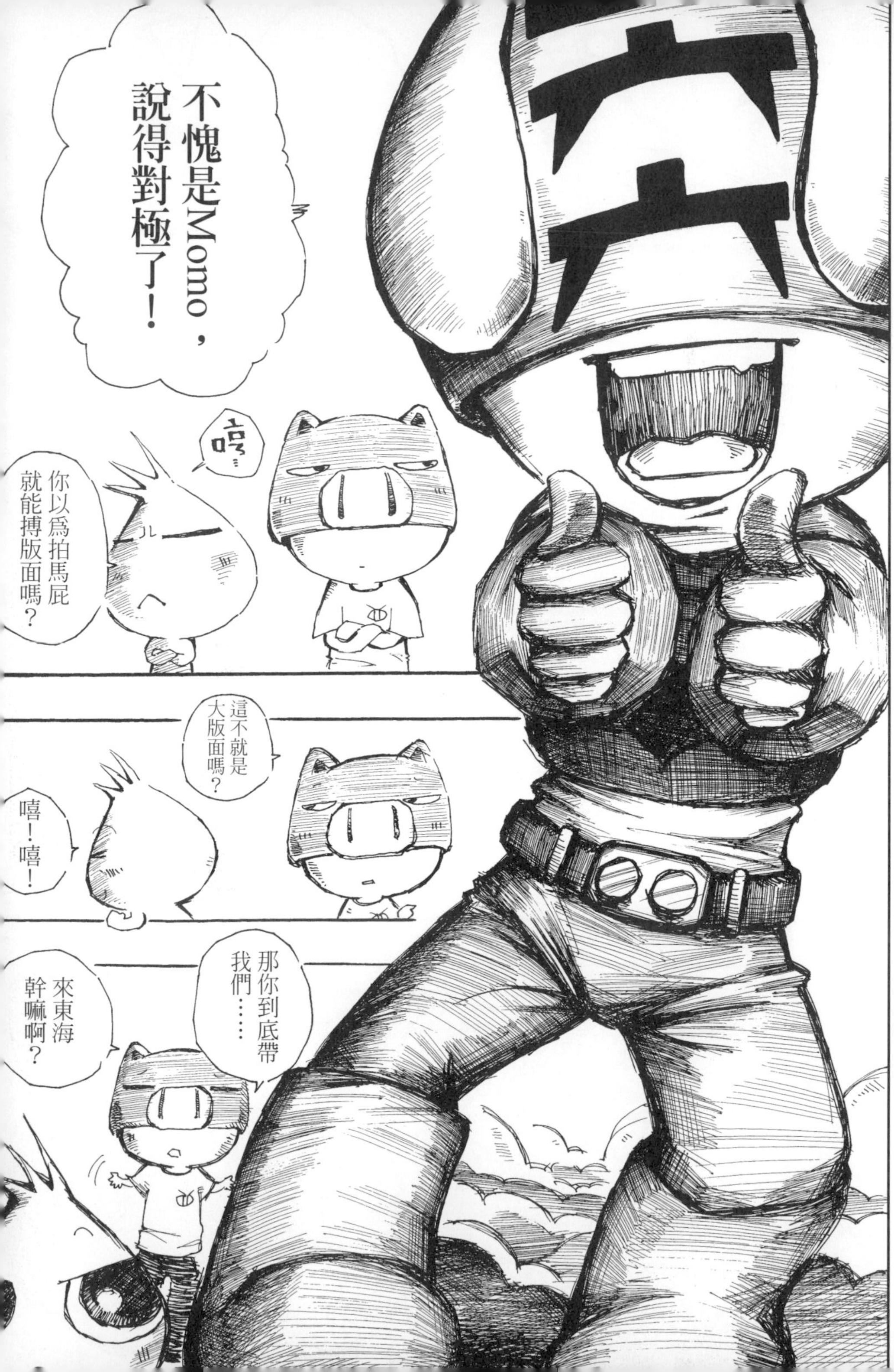
不愧是Momo，說得對極了！
哼…
你以爲拍馬屁就能搏版面嗎？
這不就是大版面嗎？
嘻！嘻！
那你到底帶我們……
來東海幹嘛啊？

忘了……
小跟班大人！
必勝!!
哇!!
你要幫我們取個冠冕堂皇的演講題目啊！
必勝!!
唔……對喔！我想想……
嗯~
嗯~
嗯
希望夠冠冕堂皇！
…
必勝!!
嗯~

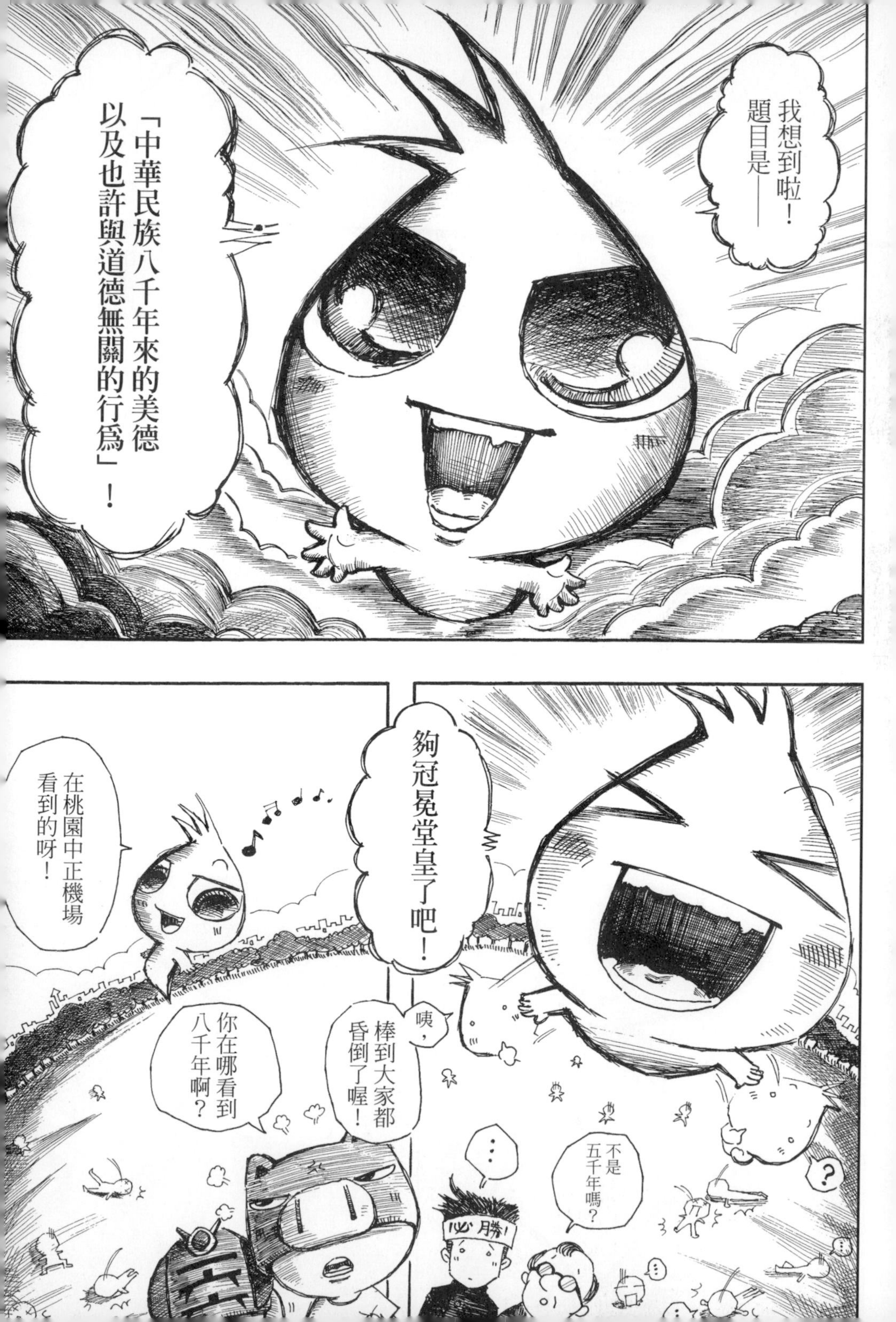
我想到啦！題目是——
「中華民族八千年來的美德以及也許與道德無關的行爲」！
夠冠冕堂皇了吧！
咦，棒到大家都昏倒了喔！
不是五千年嗎？
…
必勝！
你在哪看到八千年啊？
在桃園中正機場看到的呀！

雖然一堆人都昏倒了，
不過東海大學的故事也講完了！
那……故事的重點是什麼？
故事的重點就是——大家都被我可愛的模樣，和冰雪聰明的智慧……
給迷倒啦！哈哈哈！
都是你自己在講！

姑且不論你這番廢話，但柏老同意換題目嗎？
哼！
當然不同意！
不過對方堅持要改，只好就改。
…
…

其實，帶你們來東海是有意義的，
雖然被迫改用冠冕堂皇的標題，
但是，
柏老第一次在公開場合大談「醜陋的中國人」，
就是在東海大學哦！
必勝！
這眞是——太驕傲啦！

你驕傲得太快囉！
？
必勝
直到接受美國愛荷華大學的邀請，
IOWA
柏老才終於能用「醜陋的中國人」這題目來演講！
醜
陋
的
中
國
人

愛荷華大學果然可敬！
不過，話說回來，
柏老到貴校演講時，
曾拜託你一件事……
柏老請你幫他把演講內容錄下來，
OK! OK!
當時你也慷慨答應了！
雖然你爽快答應，
但收到錄音帶時，差點吐血！

因爲錄音帶只錄了前面幾句，
……
呃
呃
後面就沒聲音啦！
必勝
原來，
我們的學術單位跟情治單位差不多嘛！
嗚！
這這這……
唉！別罵我了，人在江湖身不由己啊！我也很難過呀！
唉…
這次雖然我們與歷史擦身而過，卻對人性有了更深的領悟……

本來，「醜陋的中國人」和路思義教堂，
勝!!
可以成爲中國人內在和外在美學的新起點！
可惜當時我們短視近利，
使東海大學被柏老記上……
首演的污點！
遺憾!!!
我好遺憾啊！
來不及了！

【第六章】

尊嚴的中國人

陳曉蘭，醫生的醫生，她是一位勇敢的女性，在一次診療中，發現病人服用過期藥物，導致死亡，因為這次的沉重打擊，使她投注全部心力及精神，醫治中國醫生，及整個醫療界的腐敗惡疾！

然而使用過期藥物，僅只是醫療制度腐敗惡疾中的冰山一角，她在奮戰的過程中發現更嚴重的事實，有許多醫院，使用假醫療器材替病人治病，然而這種器材完全沒有療效，目的只為了收取昂貴的治療費用；更可怕的是，陳曉蘭醫生發現，這些假醫療器材在使用的過程中，甚至會對人體造成傷害！

為了蒐集證據，證明假醫療器材對人體有害，她親身接受假醫療器材無效卻極為痛苦的「治療」。

媒體都稱她為「打假醫生」，她感到悲哀地說：

「醫生的職責是治病救人，我不是打假醫生，我盡的是一個醫生的職責。」

「如果我輸了，這些假器材、假治療就會繼續在醫院使用，而全國的百姓們就都跟著輸了。」

為了克盡醫生的職責，屏除醫療界的弊端，她挺身而出與強大又險惡的醫療體系搏鬥，她要面對的敵人不是假醫療器材，而是整個中國醫療界！

在這十年間，她非常艱辛地，讓醫院撤除至少九種假醫療器材，並喚醒中國醫界的良心，獲得全國人民的尊重。

雖然這個故事並不是發生在台灣，但如果是你，你有這種勇氣，拿自己的人生與整個制度搏鬥嗎？

坦白說我沒有辦法，我沒有這種勇氣，所以我非常佩服陳曉蘭醫生！也感謝她，讓這本書，留下一則尊嚴的表率！

尊嚴人物——
陳曉蘭女士

前面，罵了很多醜陋的事情，
現在，我們來到繁榮的上海！

這裡，有一位偉大的女性，
佇立在，風華絕代的上海灘——
石皮弄
她用生命和熱情，
捍衛道德與尊嚴！
讓我們看見繁榮的背後，
隱藏著說不盡的醜陋。
有沒有覺得背很涼？
有一點！
嘻
嘻…嘻…嘻…
嘻…嘻…
嘻…嘻…嘻…
嘻…

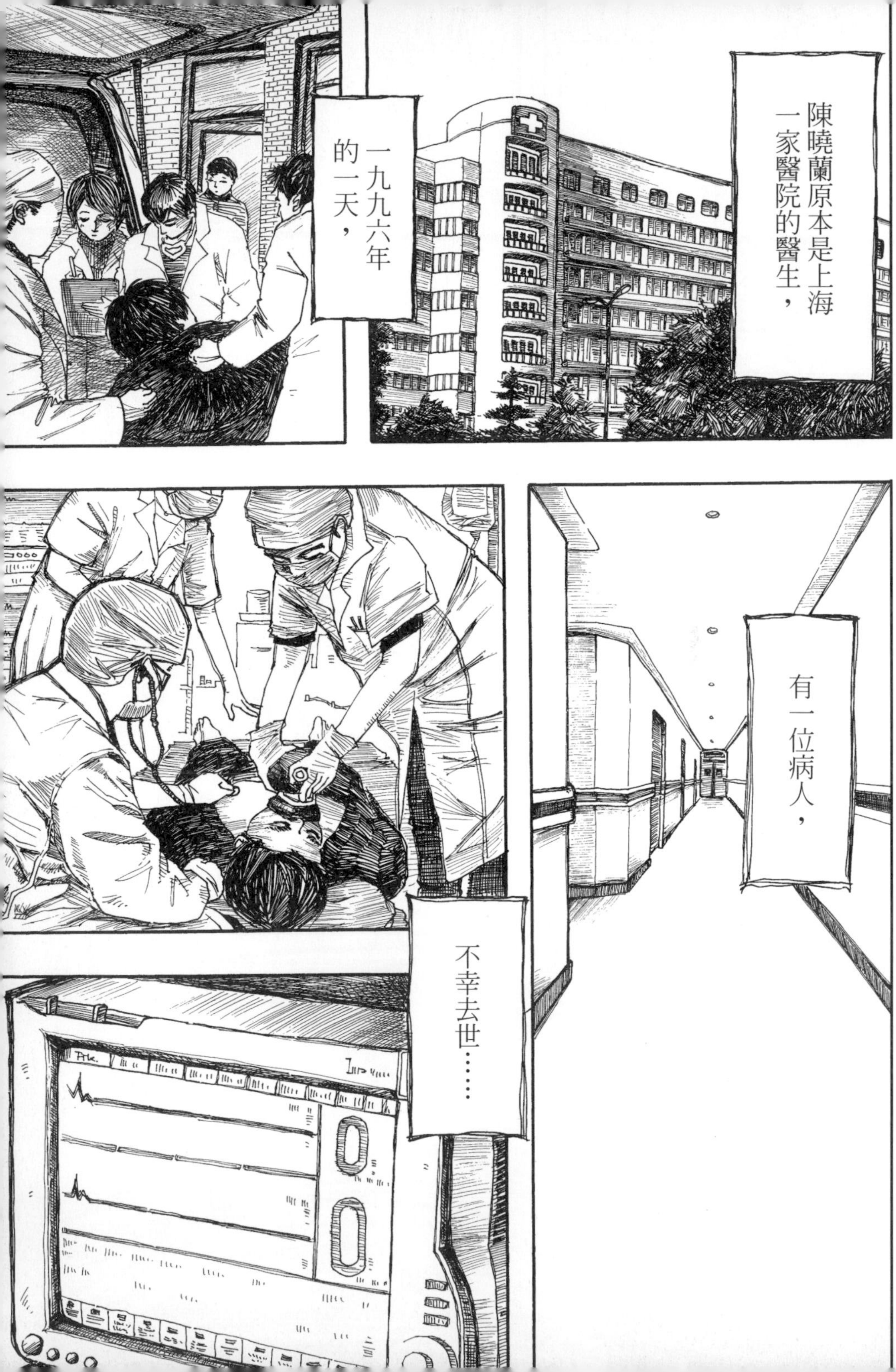
陳曉蘭原本是上海一家醫院的醫生，
一九九六年的一天，
有一位病人，
不幸去世……

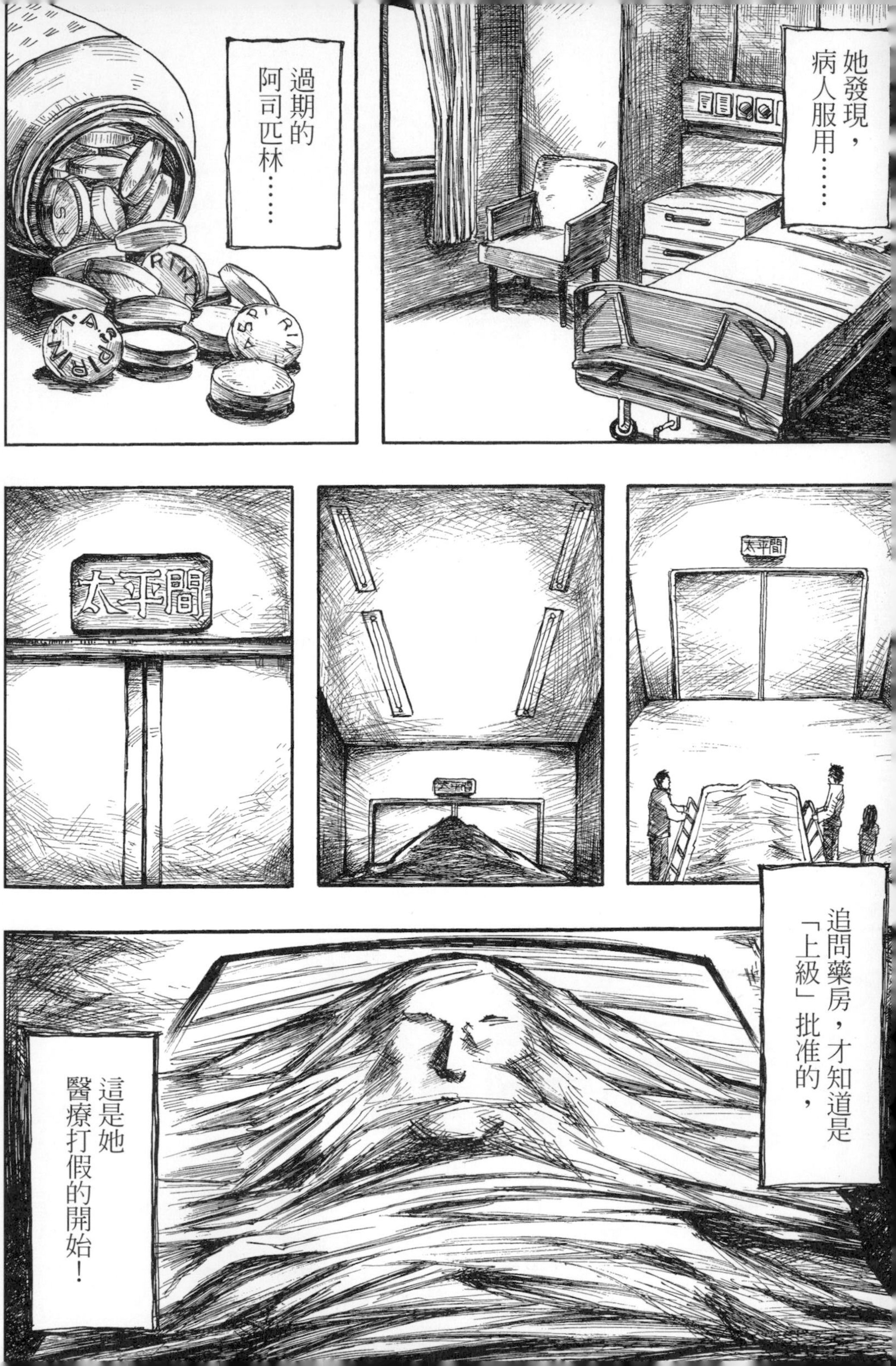
她發現，病人服用……
過期的阿司匹林……
太平間
太平間
追問藥房，才知道是「上級」批准的，
這是她醫療打假的開始！

這一時期，各醫院還流行「以物換藥」，在陳醫生開始行動後，
打假的重點轉向「以械代療」！
1997年7月
陳醫生發現一種光量子治療儀，用於輔助輸液時會對病人的健康造成威脅！
而這套儀器的發明人，卻查無此人……
於是陳醫生向相關部門投訴這種被當成搖錢樹的假醫療器材，
神經病！
但幾乎所有人都認爲她是神經病……

後來呢？
後來陳醫生，
向全國人大代表李葵南女士反映情況，
不過，
對方早就聽說她是「神經病」了……
怎麼這樣！
但是，與陳醫生交談後，我覺得……
她邏輯嚴密，思路清晰，表達流暢，才知道她是被誣陷的。
大人明理!!!!

一九九八年六月，因陳醫生的努力，光量子在她工作的醫院已被禁用！
結果導致醫院收入降低，於是她成了眾矢之的！
有人說，因爲醫生待遇差，才會用光量子來賺錢。於是陳醫生將自己的收入資料，寄給稅務部門查詢。
稅務部收
從此以後，稅務機關，
上海市醫職徵收稅務事
開始對醫院職工，徵收個人收入調節稅！
陳醫生也因此成爲——
此行業的「公敵」和「叛徒」！

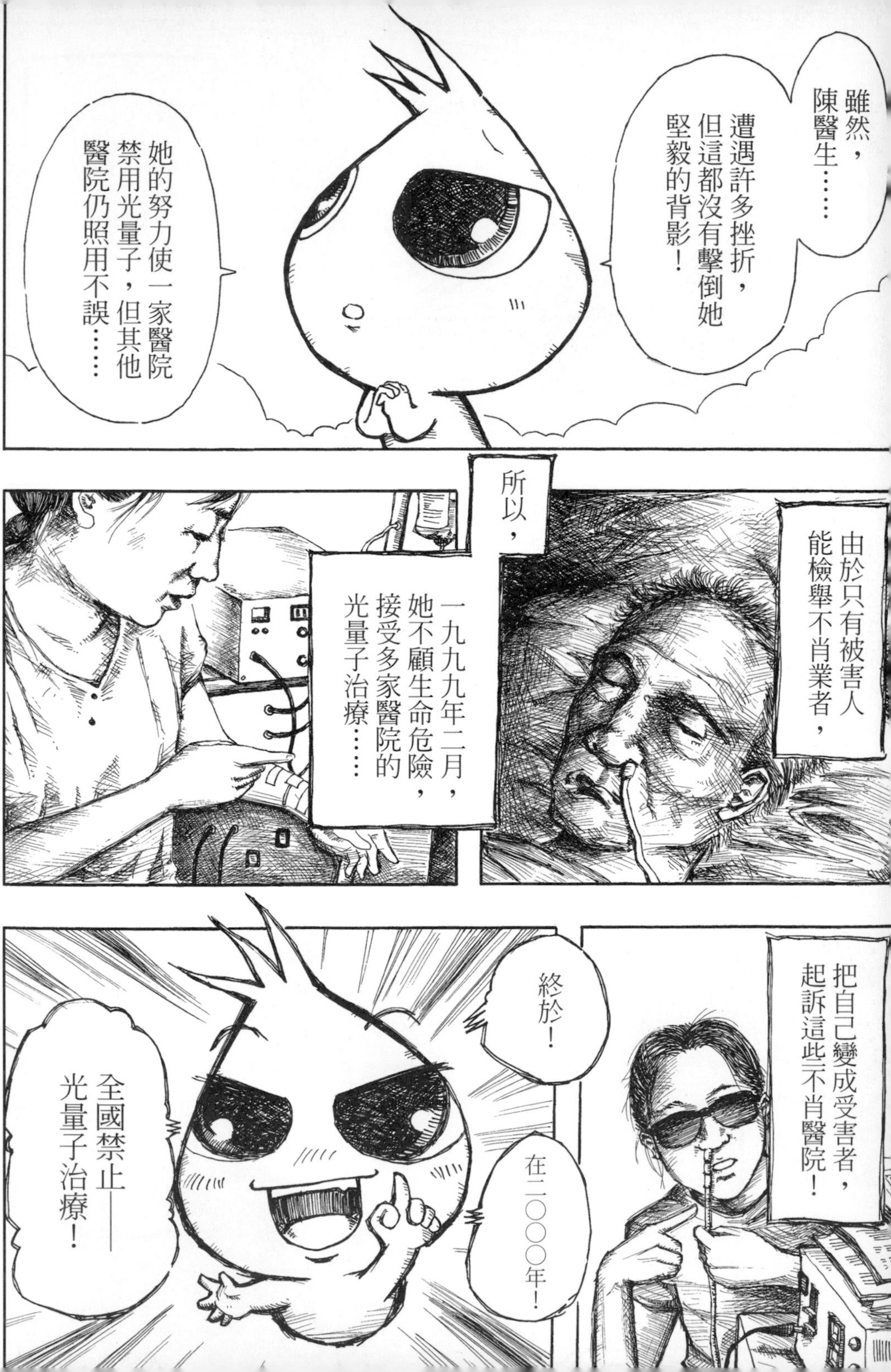
雖然，陳醫生……
遭遇許多挫折，但這都沒有擊倒她堅毅的背影！
她的努力使一家醫院禁用光量子，但其他醫院仍照用不誤……
所以，
由於只有被害人能檢舉不肖業者，
一九九九年二月，她不顧生命危險，接受多家醫院的光量子治療……
把自己變成受害者，起訴這些不肖醫院！
終於！
在二〇〇〇年！
全國禁止——光量子治療！

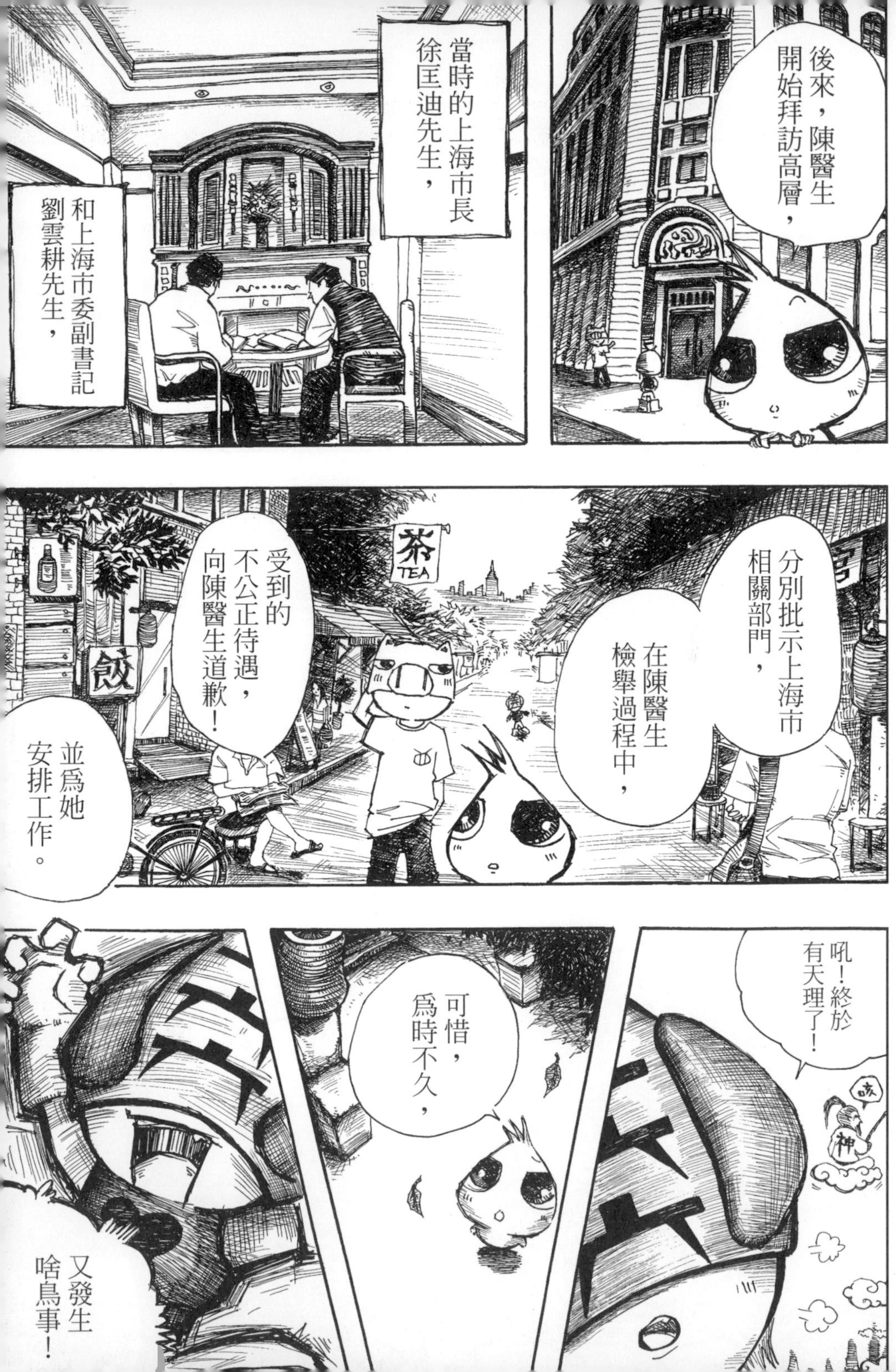
後來，陳醫生開始拜訪高層，
當時的上海市長徐匡迪先生，
和上海市委副書記劉雲耕先生，
分別批示上海市相關部門，
在陳醫生檢舉過程中，
茶
TEA
飯
受到的不公正待遇，向陳醫生道歉！
並爲她安排工作。
吼！終於有天理了！
咳
神
可惜，爲時不久，
又發生啥鳥事！

陳醫生到新單位報到時，
對方卻對她說……
「珍惜這次的工作機會……」
這讓陳醫生覺得很委屈，忍不住嚎啕大哭……
因爲，她珍惜的不是這份工作，她珍惜的是……
「醫生」這個神聖的稱謂……
我在想，
我們接受的教育只是一味地，
把我們切成相同的方塊，
卻沒有教育我們正確的價值觀！

即便是念了很多書，從事高尚的職業，
一旦進入冰冷的水泥大樓裡，
意志不堅定，人就會迷失，道德就會淪喪，價值觀也會扭曲，
誤以爲社會地位的高低，取決於存款的多寡，
而不是品格的高低和對社會的貢獻。
雖然無奈，
但這就是人生啊！
於是，
意志薄弱的人！
會因此迷失方向！

更糟糕的是，有人會說……
反正別人都在做！
我只不過做了……
全天下人——都會做的事情而已啊！

!!
喝!!
一六六的下場如何，聽那淒厲的叫聲，
啊
啊
啊
便知曉。
幸好陳醫生的意志相當堅定！
難能可貴！難能可貴！
嗚嗚嗚
嗚嗚嗚

所以，陳醫生並沒有「珍惜這次工作機會」
仍然繼續打假，又打掉一些醫院正在賺錢的搖錢樹，
她再次冒險，以身試針，取證後，照例將各醫院告上法庭，
但……
咚—
均遭敗訴。
我不諳法律，
但我相信！
司法的公正性和皇后的貞操一樣不容置疑！

因爲二〇〇四年，涉嫌的官員和商家都受到查處！
直到二〇〇五年三月，
衛生部發文，禁止血療！
陳醫生的努力，再度獲得肯定！
幹得好！
但是這段期間，陳醫生以身試針經歷的痛苦歷程
絕非短短幾字就能帶過……
痛苦的程度，讓同行取證的記者，難過地阻止陳醫生……
「不要再試了！」
「我們不要再舉證了！」

有人聽完陳醫生的經歷後問她：
「像妳這樣的醫務人員多不多？」
「我從未孤獨過，在我身後有許多有良知的醫務工作者和專家的理論在支持我。」
她好堅強！
但她選了一條很艱難的道路。
因爲打假，使她身陷威脅！
甚至還得到飯店避風頭，
如果沒有人大代表的支持，陳醫生的處境也許會更加艱險……

經過種種歷程後，於二〇〇五年，《當代醫學》雜誌
將陳曉蘭醫生列爲「影響中國醫改二十年」的二十名代表之一！
因爲她的堅持，爲這個行業贏得尊重！
在漫長的歲月裡，她努力補充醫學知識，完全用醫科大學教科書上的語言來反映和說明問題，以免別人利用她的學歷低來阻撓她的打假！
BOOK
同時也爲自己贏得尊嚴，
目前她是上海市「食品藥品安全社會監督員」。

打假十年，陳醫生說，醫療制度的核心問題
在於監管不當，使衛生系統發生腐敗，
縱容罪犯，甚至共同犯罪！

後來，
陳醫生被中央電視台
授予「質量先鋒獎」。
領獎時她說：

「我們不可能永遠是醫務人員，
也不可能永遠是監管者，
但我們都註定會成爲病人，
因此請大家關注醫療器械的質量問題！」

雖然這個世界上，

有很多醜陋的人事物，

但是在小小的角落裡，

也有很多默默努力，

值得尊重、學習和鼓勵的楷模，

陳曉蘭女士，

就是其中一個！

各位同學，

你說對不對呢？

希望你看完陳醫生的故事後，

也能成爲一個勇敢堅定的人哦！

國家圖書館出版品預行編目資料

醜陋的中國人 / 柏楊原著；Momo漫畫. -- 初版. -- 臺北市：遠流，2009. 04
面； 公分
漫畫版

ISBN 978-957-32-6465-1(平裝)

1. 民族性 2. 漫畫 3. 中國

535.72　　98005349